关 怀 现 实 ， 沟 通 学 术 与 大 众

第四次中东战争与
莱昂纳德·科恩的救赎

[以] 马蒂·弗里德曼 著
高冀蒙 译

WHO BY FIRE
MATTI FRIEDMAN

Leonard Cohen
in the Sinai

焚身以火

SPM 南方传媒 | 广东人民出版社
· 广州 ·

图书在版编目（CIP）数据

焚身以火：第四次中东战争与莱昂纳德·科恩的救赎 /（以）马蒂·弗里德曼著；高冀蒙译. —广州：广东人民出版社，2024.1
（万有引力书系）
书名原文：Who By Fire：Leonard Cohen in the Sinai
ISBN 978-7-218-16795-4

Ⅰ. ①焚… Ⅱ. ①马… ②高… Ⅲ. ①第四次中东战争（1973）—史料 Ⅳ. ①K370.6

中国国家版本馆CIP数据核字（2023）第164345号

著作权合同登记号：图字19-2019-007号

Copyright ©2022 by Matti Friedman
Published by arrangement with The Deborah Harris Agency, through The Grayhawk Agency Ltd.

FENSHEN YIHUO: DI-SI CI ZHONGDONG ZHANZHENG YU LAI'ANGNADE · KE'EN DE JIUSHU
焚身以火：第四次中东战争与莱昂纳德·科恩的救赎
［以］马蒂·弗里德曼 著　高冀蒙 译　　　版权所有　翻印必究

出 版 人：	肖风华

丛书主编：	施　勇　钱　丰
责任编辑：	陈　晔　梁欣彤
营销编辑：	龚文豪　张静智
特约校对：	刘小娟
责任技编：	吴彦斌　周星奎
装帧设计：	董茹嘉

出版发行：	广东人民出版社
地　　址：	广州市越秀区大沙头四马路10号（邮政编码：510199）
电　　话：	（020）85716809（总编室）
传　　真：	（020）83289585
网　　址：	http://www.gdpph.com
印　　刷：	广州市岭美文化科技有限公司
开　　本：	889毫米×1194毫米　1/32
印　　张：	8.125　字　数：180千
版　　次：	2024年1月第1版
印　　次：	2024年1月第1次印刷
定　　价：	78.00元

如发现印装质量问题影响阅读，请与出版社（020-85716849）联系调换。
售书热线：（020）87716172

欢迎来到字里行间，

战役，还在进行，

但我会尽力让你舒服些。*

——莱昂纳德·科恩

---

* 引自科恩1973年作品《奴隶的力量》（*The Energy of Slaves*）。——本书脚注均为译注或编注

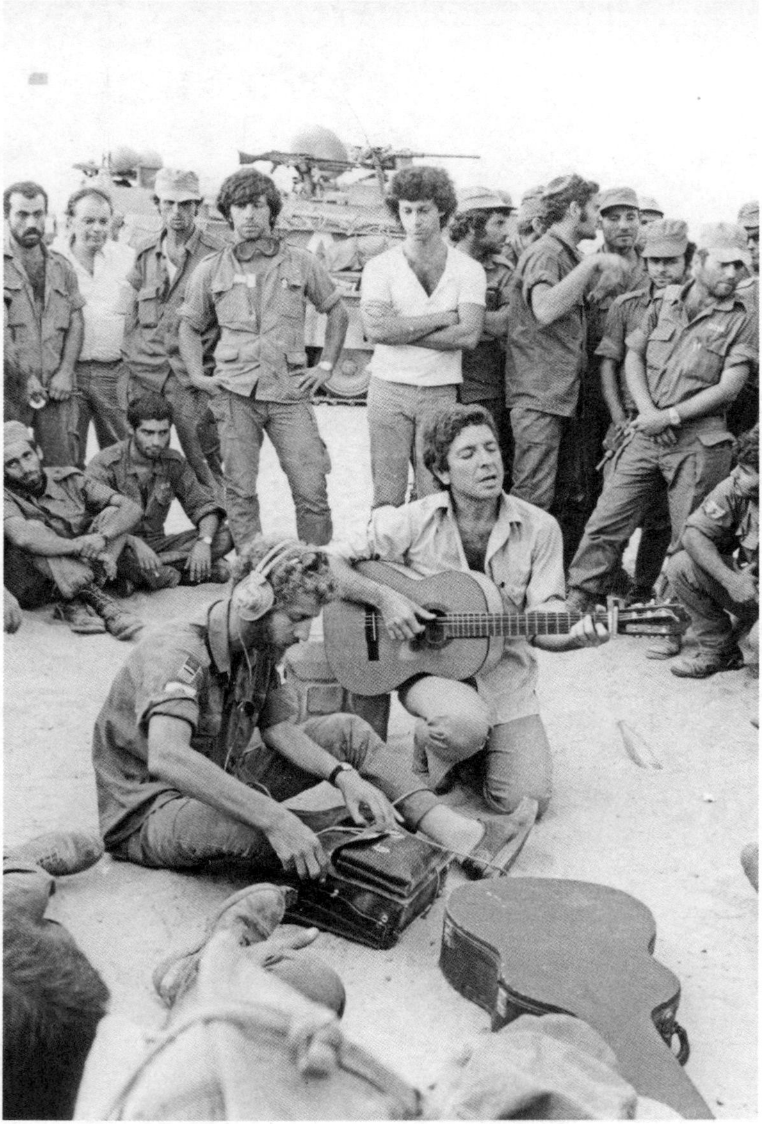

目录

前　言 … 1

第一章　528号雷达站 … 13

第二章　天堂之门 … 29

第三章　埃及的子弹　科恩手稿 … 37

第四章　遵照谁的意愿？ … 47

第五章　犹太战争中的伤口　科恩手稿 … 55

第六章　神话之家 … 65

第七章　再次启程 … 73

第八章　谁沉溺于水 … 81

第九章　御敌之盾 … 89

第十章　兄弟 … 101

第十一章　在沙漠 … 109

第十二章　茶与柑橘 … 115

第十三章　无话可说 … 119

- 第十四章 早已湿透 127
- 第十五章 「心理学」 137
- 第十六章 喘息之机 143
- 第十七章 以撒的故事 145
- 第十八章 育空 151
- 第十九章 非洲 159
- 第二十章 你手上的鲜血 173
- 第二十一章 528号雷达站 185
- 第二十二章 拨示巴 191
- 第二十三章 顺其自然 199
- 第二十四章 战争是一场梦 209
- 第二十五章 谁焚身以火 219
- 第二十六章 一句祝福 229
- 注释 237

前言

沙地上的一些人抬眼看着那个拿着吉他的来访者，另一些人则低头瞧着自己脏兮兮的膝盖和靴子。暗夜之中，点燃的香烟闪着光。暑气已经散去，此刻的沙漠是寂静的。他们已经战斗了14天，大家都不知道还要战斗多久，也不知道有多少人能活下来。在这里，没有将军也没有英雄，只有个不断减员的小部队。成千上万的埃及人和以色列人都死在了荒原上。

这个穿卡其色军服的来访者就是莱昂纳德·科恩。对于这些身处1973年10月赎罪日战争中西奈半岛前线的人来说，他的到访没什么意义。不久前，科恩还在50余万人的怀特岛音乐节上表演，这个音乐节比伍德斯托克音乐节规模还要大。这里有几十名士兵，没有人知道莱昂纳德·科恩是如何过来这里并和他们待在一起的，他们也不知道科恩为何要来。[1]

科恩39岁了。他正处于低谷，觉得自己已经完蛋了。已经有音乐媒体报道说，他要隐退了。他告诉一位采访者："我只是觉得，我想闭嘴了。就是想闭嘴了。"[2]他可能是想从这个国家、这场战争中,寻找某种方式孤注一掷,以走出困局,找到克服一切阻碍、重新开始歌唱的途径。若这就是他的目标,那么我们将会看到,他似乎成功了。50年后,在音乐软件声田(Spotify)和犹太教堂里,我们都可以听到这一旅途的回音。读到此处的读者都会记起这样一个场景——在世界各地那些座无虚席的音乐厅里,这位老先生在毛呢礼帽下咧嘴一笑。人们也知道,在1973年,他还没有取得他最伟大的成就。但此时,不论是他还是旁人都还不知道后来的事情。

科恩庄严地用英语向士兵们讲话。有一位在场的记者为一份希伯来音乐杂志撰写报道,他在报道中描述了这一场景。在泛黄的新闻纸上可以读出这个记者的刻薄。他嘲笑这个明星是外国来的"伟大的和平主义者",是个被过誉的游客。阅读此文会产生这样的印象:这个记者本不想被科恩感动,但他还是被打动了。

士兵们与科恩合唱《再见,玛丽安》(*So Long, Marianne*),他们的歌声是沙漠之中唯一的声音。科恩介绍了下一首歌。"这首歌应该在家里听,在温暖的屋里,身边有喝的,也有你爱的女人,"他说,"我希望,你们都会很快置身于这种环境之中。"他唱了《苏珊》(*Suzanne*)。人们都很安静。他们听到,有一个地方,那里没有被轰得焦黑的坦克,也没人穿着被烧焦的制服躺着一动不动,只有河边的城市、无瑕的躯体、从中国一路运来的茶叶和橘子。* "人们是在听他的歌,"记者写道,"但谁知道他们的思绪飘

---

* 来自科恩歌曲《苏珊》歌词。

到哪里去了。"

有时，艺术家遭遇某件事时所擦出的火花，会比艺术家自身和事件本身都要夺目得多。艺术不仅纪念了启发它的事物，也在所有惨无人道的事件面前确证了人类的创造力。要解读毕加索的画作《格尔尼卡》，我们未必要去了解西班牙内战的复杂全貌。听众能够欣赏贝多芬在拿破仑战争期间创作的《第五交响曲》，不必听出来其中一个乐章中藏了一首法国革命歌曲的几小节。我们可以欣赏一块玻璃碎片的美丽，而无须知道窗户在破损之前的原貌或破碎之时的情状。但在我看来，如果我们能知晓内情，就能丰富我们的认知——这不仅仅是我们对某个重大事件或某位艺术家品性的理解，也是对激发创作的灵感本身的理解、对艺术的灵性的理解。这灵性具有超越自然的能力，能够穿越时空，在心灵深处驻留，帮助我们超脱自我的限制。

那时的情形似乎能被称为一次巡回演唱会，也许是最伟大的巡演之一，当然也是最怪异的。这次巡演本可能催生出一部著名摇滚纪录片或一张现场专辑，但没人想到要录个像，也基本上没有录音留存下来。它发生在以色列的一场战争之中，但在该国的军事记录之中并没有记载。上文记者的叙述就是当时出版物对这次巡演的唯一记述，即使是那本被称为"本地版《滚石》"的音乐杂志也已经停刊多年了。这次巡演成了一段隐秘的历史，在人们的口耳相传中，在士兵们拍摄的照片中，在洛杉矶威尔希尔大道一间办公室的笔记本里，也在安大略省汉密尔顿的一箱文件以及几首伟大歌曲的歌词之中，留存下来。要想重构这段历史，就意味着需要用数年来拼凑起这些碎片化的记录。

虽然之前并无该次巡演的详细记述，这一文化事件对于科恩的粉丝来说也仅仅是科恩人生中的小插曲，但若说这次巡演有什么重要性的话，那就是：这种重要性本身正以一种奇怪的方式不断增长。比如在以色列，每年秋天在战争纪念日前夕都有越来越多关于这个故事的文章出现在报刊上，好像每年都必须来回地讲几次。其中有些描述是重复的，有些是不准确的，但都反映了一个事实——人们对1973年10月那段可怕日子的记忆，已不知不觉与莱昂纳德·科恩那奇怪的露面联系在一起。

科恩的巡演如今已成为赎罪日战争的一部分，这场战争本身也与犹太历中的这个日子密不可分。叙利亚和埃及在赎罪日下午2点对以色列进行了突袭，战争就此开始了。在这一日，犹太教传统要求教徒自省，告诉教徒未来一年的命运已经确定——谁会死，又是以怎样的方式死。挑选这个日子开战的象征意义是如此拙劣，似乎在讨一个道歉。

战争发生的时机为严峻的战况渲染了一种铺天盖地的恐怖氛围。事实上，这场战争有时也被称为赎罪之战（The War of Atonement），就像是一场对往日骄矜与盲目的忏悔。1973年10月6日，在叙利亚军队穿越戈兰高地的裸岩地带、埃及军队穿过苏伊士运河边上的沙堤防线并发起进攻之时，以色列军队的指挥出现了失误，导致以色列士兵暴露在攻击之下。赎罪之战也是对这一失败的忏悔：以色列被6年前六日战争*的胜利冲昏了头脑，放任自己沉溺在傲慢与自满之中。当时以色列的边境只有几个倒霉的步兵和坦克兵在守卫。

在戈兰高地那绝望的几天后，叙利亚和以色列之间的核心地区——高地之下的加利利（Galilee）已经没剩多少以色列军队了。在本书关注重点之一的南方前线，埃及军队占领了苏伊士运河沿岸的以色列前哨站，开进了西奈半岛，打退了守军急切而混乱的反击。以色列的空军本可以打赢这场战争，但是飞机被苏联的新导弹严重损毁。没过几天，据说国防部长、独眼战争英雄摩西·达扬（Moshe Dayan）绝望地说："第三圣殿已处于危险之中。"第三圣殿是指以色列。以色列通过极大的努力，以超过2600人死亡为代价，才扭转了战局，在月底前取得了一场胜利，但这场胜利更像是失败。

战争结束之时，以色列的领袖和将军，即开国一代的大人物们，全都名声扫地。这个国家变得没那么自信也没那么团结，开始更多地自我反思——战后的以色列在许多方面都变得大不一样了。数百部笔调沉痛的回忆录和批判性的历史著作指出了国家的错误。

---

* 第三次中东战争，以色列方面称"六日战争"。这次战争从1967年6月5日开始，共进行了6天，发生在以色列国和毗邻的埃及、叙利亚、约旦等阿拉伯国家之间，结果是以色列大获全胜。

它们在战后陆续出版，持续至今。25年后，当我在以色列的步兵部队服役时，训练内容包括模拟与穿过沙漠入侵的敌方坦克纵队进行战斗。这种模拟与20世纪90年代末实际发生的战争没什么关系，那显然是赎罪日战争的场景，是一场军队仍在心中进行着的战争。

对于以色列人民来说，古老的斋戒日和黑暗的战争周年纪念日从此紧密交织在一起，再也无法分开。而莱昂纳德·科恩，在很多人眼里是个诗人，写香烟、性，还有人类那平静的绝望。他在犹太社群内长大，但他只把这个社群当作承载空洞仪式的容器。他鄙视暴力，对国家不屑一顾。然而他不仅使自己成为这场以色列战争的一部分，也让自己成了犹太历中最庄严一日的一部分。从未有人解释过，这一切是如何发生的——年轻的士兵们在极端危险之时，与这时代最伟大的一种声音相遇。这便是本书的主题。

科恩这段经历之中最吊诡的一点是，他在此后几乎从未提及过它。这让我越来越感到奇怪，因为我逐渐发现，他对战争的理解是何等深刻，他在战场上的出现对于在此见到他的人们来说是何等重要。几个月后，音乐杂志《锯齿形》（*ZigZag*）明确问及科恩这段经历，他仅仅回应了几句，也没有说更多。私下里似乎也一样，科恩近旁的人也没听他讲过这段经历的细节。科恩关心的并非历史本身，而是灵魂。也许他觉得，与真实事件的联系会使他的创作沦为纯粹的新闻作品。"对我来说，诗歌是生命的见证，而非生命本身。它是充分燃烧后的灰烬。"[3]科恩曾这么说，"有时人会混淆两者，想直接制作灰烬，而非火焰。"在这段经历之中，战争仅仅是火焰。他不是来解释火里有多少根木柴，烧得有多热，或者他自己站得离火有多近的。火焰产生了些美丽的灰烬，这便已经足够了。

事实是科恩确实记下了那几周的事情。正如人们所料，这些记述很伟大，但从未出版过。这是一份45页的打字稿，存放在汉密尔顿的麦克马斯特大学（McMaster University）图书馆的一个盒子里，如今属于科恩的出版商——历史悠久的加拿大企业麦可兰德&斯图尔特出版公司（McClelland & Stewart Ltd.）。这几十页手稿并非成品，而是科恩被称作"我的艺术人生"（My Life in Art）的这一项目的雏形。这一项目后来演变为《情圣之死》（*Death of a Lady's Man*）这本诗集，在战后5年得以出版。原稿中的一些片段以单独几首诗的形式出现在这本诗集中，其余内容则被遗忘了。

这份文稿中有一部分似是小说草稿，文风高度情绪化，很像科恩早期小说的风格，如《至爱游戏》（*The Favorite Game*），这是他在转入音乐创作之前的作品。这份小说草稿使用了第一人称，尽管写作素材还很原始，真实事件、人物还没怎么被模糊化处理，或者说是根本没处理，但我们不必把这个"我"当成现实中的莱昂纳德·科恩。手稿的其他内容是以记录要点的方式对事件做的清晰总结，可能是科恩当时计划要充实的章节的内容草稿，但他后来没有再续写。这些内容很像精确的事件记述，接近于日志条目。

为采用多方材料来求证这一手稿中的事实，我在本书中使用了科恩留下的另一份材料——科恩在战争前后用的小笔记本。位于洛杉矶的科恩遗产管理方准许我查阅这些笔记本。科恩一生之中用过数百本笔记本，相比之下，战争时期的笔记本记录内容稀少。这意味着当时这位诗人被各种事件转移了注意力，或许也受这些事件困扰。他自省的心流被异常打断了。从这些笔记本的内容可以看出，即便上述文学手稿的第一人称记述者是一个虚构版的科恩，其中所记述的事件也大多是事实。比如说，人们可能会怀疑那些明确具有文学性功能的人物是他虚构出来的，但笔记中又有他们的地址和电话号码。

因此，带着万分谨慎的态度，我们可以这样看待这些文学手稿：这是他直接记录当时所见所闻的尝试。相比于在采访中圆滑且回避的话语，这些资料让我们听到了科恩另一种极为不同的声音。掌握这些材料后，我又很难得地从科恩遗产管理方拿到了这些材料的首次出版准许。非常幸运，在本书的几处我只需打开话筒，让科恩自己去讲述他的故事。

伟大的摇滚乐巡演往往都遵循同样的套路：奉承、放纵、骚乱、崩溃、音乐救赎。但这次巡演是不同的，它独树一帜。比如说，歌手和演出环境之间的联系很独特：科恩，在蒙特利尔（Montreal）的犹太教堂长大的孩子、在希伯来圣经的语言浸润中成长起来的艺术家、一位学识渊博的拉比（Rabbi）的外孙，正在西奈山周边的荒野上演奏。战争中的地名可以见于他的诗歌，如"以色列""埃及""巴比伦"。山下还有一个情报基地，有一名叫以撒（Isaac）的士兵和一名与战神大卫（David）同名的中尉，甚至还有一个叫拔示巴（Bathsheba）的人。战神大卫在屋顶上看到的那个洗澡的女人就叫拔示巴，她"在月光下的美貌让他心动"，战神对她爱得如此深沉，以至于让她丈夫上战场去送死。在这里，拔示巴并不是一个女人，而是一艘正准备进行自杀式袭击的海军登陆艇。这种事放在摇滚乐里面，可能就是斯普林斯汀（Springsteen）在新泽西阿斯伯里公园演奏专辑《来自阿斯伯里公园的问候》（*Greetings from Asbury Park*）里的歌，或者是披头士在草莓地（Strawberry Fields）*办的免费演唱会。

科恩并非此地人，但他将以色列看作自己的"神话之家"（myth home），来到此地似乎让他反复思考"我是谁""我亏欠他人（比如在希腊小岛上带着孩子等待他的女人、他的家人、犹太人）什么"这些问题。他所说的"神话之家"意义不明，或许连他自己都不清楚。但有一点很清楚，他来到此地并非只是为了来赶另一场演出。

最重要的是，让此次巡演变得与众不同的是它的听众。这个歌手的创作主题包括人类的不完美和人世无常，以及能让夜晚变得

---

* 草莓地是利物浦郊外一所孤儿院的名字，在约翰·列侬幼时住处的附近。列侬创作的歌曲《永远的草莓地》（*Strawberry Fields Forever*）是对他在利物浦的童年的怀念。

甜蜜的短暂快乐。他站在人群前，发现对这些人来说，这些主题并非飘浮在宿舍空气中的抽象概念。他们知道，演唱会结束后还有死亡在等待着他们。科恩为他们演奏，知道他的音乐可能是这些人最后所听到的东西。对巡演的报道惯常把注意力放在艺术家身上，观众的形象则只是一片模糊的面孔或一阵低沉的掌声。但本书并不这样。我花了几年时间，寻找那几周遇到科恩的人，试着了解他们在演出前后的经历。更多关于书中人物、时间线、本书资料来源等的信息可见于书末注释。

每一场演出都是纯粹的艺术传播。没有金钱转手，没有门票或唱片出售。许多士兵不懂英语，科恩也不会说希伯来语，但T. S. 艾略特（T. S. Eliot）说得对，好的诗歌"在被理解前就已与人相通"。照片中，歌手似乎已忘我，观众也聚精会神。这里不是伍德斯托克，也不是某个外出游玩的夜晚。所有人都很清醒，他们正冒着极大的风险。重要之事正在发生。

第一章　528号雷达站

1973年夏末，西奈半岛南端空军的夜间活动是这样的：白花花的大腿在黑暗的水中一闪而过，湿湿的头发贴在光滑的背上，岩石周围闪烁着涟漪，胸罩和工作服皱皱巴巴地扔在沙滩上。

　　沙丘从内陆涌出，像冰冻的碎浪一样盘踞在岸边，红海向南延伸到也门，两军沿着苏伊士运河对峙，但在黑暗中什么也看不到。当时的场景中只有小海湾里的6名士兵。在这段记忆里，他们是赤裸的，所以他们看起来甚至不像士兵，只是十几岁的青少年。他们那倒霉的雷达站已经在他们的视野之外了。

　　曾在此地服役的人们回忆起沙姆沙伊赫（Sharm el-Sheikh）时，都会将其美化，仿佛它闪着光。每当他们回想战前的时光，都会怔怔出神、面带微笑。鲁蒂（Ruti）、普尼娜（Pnina）、奥利（Orly）现在都当祖母了，但照片里的她们只有19岁，正微笑着。一切即将发生。

　　用70年代的柯达克罗姆彩色胶卷拍出的这些照片里，有海滩、炽热的阳光和穿着平民喇叭裤的孩子。有时为了向那些送他们到这里的军队致敬，孩子们会穿上卡其色军裤和制服迷你裙，但军事似乎并非这里的正题。简易机场和海岸之间有个小屋，屋里的人靠在海湾抓石斑鱼出了名。你要是过去的话（尤其当你是个姑娘），他们可能会给你烤鱼。此地的官方名称是"接待处"，但大家都不知道在接待什么。照片里人们弹着吉他或戴着飞行员眼镜做鬼脸，又或是站在机场边的某一处，那里的沙漠晚风比任何吹风机都好使。就像是电视剧《霹雳娇娃》（*Charlie's Angels*）和《陆军野战医院》（*M*A*S*H*）的结合一样，只不过是在《出埃及记》的风景之下拍的。[1]

这种氛围不单单来自6年前的胜利带来的信心，那场胜利使沙姆沙伊赫和西奈半岛的其他地区都纳入以色列的控制之下。氛围中还包含着20世纪60年代的青春、乐观和团结。在美国，水门事件已进入后半段了。距离"滚石"乐队在阿尔塔蒙特（Altamont）赛车场举办的音乐节*也已经过去了4年，那次音乐节上的流血事件象征着水瓶座时代（Age of Aquarius）**的结束。"爱之夏"（Summer of Love）***也成了一段回忆。不过在那个年代，什么东西传到以色列都会滞后，以色列的60年代风潮一直持续到1973年，直到10月6日。

---

* 阿尔塔蒙特自由音乐会（Altamont Free Concert）是于1969年12月6日在美国北加州阿尔塔蒙特赛车场举办的反文化摇滚音乐会。这场音乐会因其爆发的暴力事件而闻名。

** 流行文化中的"水瓶座时代"一词通常是指20世纪60年代和70年代嬉皮士和新时代运动的鼎盛时期。

*** 指1967年夏天在美国旧金山发起的一场以"爱"为口号的嬉皮士运动。

鲁蒂在飞机场负责电话总机转接。她在照片里总是被朋友和爱慕者簇拥着，身穿制服，戴着六芒星项链，或者穿着比基尼在岩石上舒展身体。一些照片里有个叫多伦（Doron）的士兵。[2]他有点儿喜怒无常，有一头和军队格格不入的黑发，刘海遮住了他的眼睛。他写了一些关于一个女孩的忧郁诗歌，这个女孩是他渴望得到的，但他并没有写明这个女孩的名字。多伦在海法（Haifa）一个贫困家庭中长大，他的父母从一个叫"大屠杀"的国家跑出来以后就定居在海法。（你的父母从哪儿来？从"大屠杀"来。）这些孩子和大屠杀没什么关系，他们是第一代土生土长的"以色列人"——不受酷刑折磨、不是少数民族、没有紧紧和宗教绑定在一起、不完全是犹太人。他们是从阳光和海水之中涌现出来的生命。

多伦长相英俊，鲁蒂想更深入地了解他。但一开始多伦对她说话带刺，也和她保持距离。多伦不像其他人那样热衷聚会，而是喜欢坐在机场跑道附近的梯子上看直升机。这些直升机穿过沙漠，把以色列士兵运送到这个遥远的前哨，乘客们会从直升机的冷气里走出来，踏入柏油路面上涌动的热浪之中。有一次多伦以为鲁蒂在控制台给他接线慢了，就生了气，向她大喊大叫，但在这片乐土中度过的几个月让多伦变得更柔和了，他和鲁蒂成了朋友。在这张照片中，她抱着吉他，多伦就在身旁，没穿上衣。

普尼娜和奥利负责监控雷达站的屏幕。[3]这个雷达站位于机场上方，坐落在一座像一把长刀从沙漠地面拔起的高山上。雷达监视

的是埃及领空，敌机在屏幕上显示为黄色的点。普尼娜是这个雷达站年纪最大的女孩，奥利则年轻一些，有艺术家气质。（雷达监测员有男有女，年纪皆在20岁左右。几十年后，他们还是把当时的自己称为"女孩""男孩"——本就如此，所以我在此沿用他们的用词。）6年前，埃及人被打得落花流水，埃及空军受到了极大的羞辱，所以那些黄点都与以色列领空保持安全距离。雷达监测员都没看见过真正的敌机。

屏幕的下面是亚克力桌子，他们可以用可擦马克笔画出坐标。奥利感到无聊时，会在亚克力桌子上抄写记忆中的希伯来语诗句。她尤其喜欢雷切尔的作品。雷切尔是20世纪20年代先锋一代的诗人，曾经居住在基尼烈湖（Lake Kinneret）[*]之畔，因肺结核晚期而变得感受力敏锐。"我将在篮子里装上基尼烈的记忆，"她在诗歌《礼物》中写道，"花园树木间清晨天空的粉红色/宁静旷野的午后金色/戈兰山丘傍晚的茉莉花色。"雷切尔悲伤却不愤世嫉俗。她没有丈夫和孩子，年轻却垂死，但她看到了这片土地的美丽，也感受到生活在此的美妙。几十年后，奥利还能背出这些诗句。轮班间隙，监测员们会在可以俯瞰红海的沙袋炮台上抽烟。他们有台唱片机，还有几张唱片——几张希伯来语专辑，一张西班牙语的，还有一张莱昂纳德·科恩的。

根据犹太教传统，上帝在西奈山赐给摩西的律法十诫中，其中一条规定是，犹太历每年第七个月份的第十日要赎罪、禁食。对于他们来说，这一天是"安息日中的安息日"。被看作这一启示发生之地的西奈山就在离士兵们裸泳的海湾约50英里处。1973年的赎罪日从公历10月5日晚开始[**]。

机场有一个由预制板搭建的小屋子，里面设了个小犹太教堂。教堂里面有一些破旧的祈祷书和军队发放的犹太圆帽。那晚，鲁蒂去做礼拜了。很多犹太人都像鲁蒂这样，在一年之中的大部分时间里都不是很在意宗教仪式，但会十分重视赎罪日这一天。赎罪日从前一天的日落开始，在第二天夜晚结束，届时，天堂的门将伴随着

---

[*] 加利利海的希伯来语名称，是以色列最大的淡水湖。

[**] 根据犹太历，日落为一天的开始，即一日是一个夜晚加一个白天。

最后一次祈祷而关闭,而这最后一次祈祷就叫作"关门祷告"(the Locking)。在赎罪日期间需要禁食禁水。鲁蒂在完成了赎罪日的第一次晚祷后,回到了和其他几个女孩合住的住处。她在日记中写道,自己仍处于沉思内省的状态,但她发现,机场维修人员中的几个男孩子公然无视教规——"这帮混蛋竟然吃大餐"。

赎罪日当天,教徒几乎一整天都在犹太教堂中祈祷。在这仪式中,诵读数百页希伯来语经文就像驱车缓慢驶过连绵不绝的宗教礼乐之乡,这路程蜿蜒数英里,在枯燥无味的土地上延伸,令人昏睡。这路途就像是鬼打墙,让你怀疑,是不是一个小时前就曾经过那个一模一样的红色谷仓。但是,途中也有几个山峰,这些山峰能够给人刹那的顿悟,让人理解伟大而古老的事物。在我脑海中的这些宝贵的瞬间,其中有三个与莱昂纳德·科恩、与本书有着紧密的联系,因此值得在此一记。

第一个瞬间与《让我们述说力量》(*Unetanneh Tokef*)*这份约有千年历史之久的祷词相关,祷词描绘了上帝的审判与人类的渺小。人类"就如碎片,如干草,如枯花,如转瞬的阴影,如流散的云彩,如同微风吹去、尘土飞扬,如同梦境飘散"。这篇祷词的名

---

* 又名《敬畏我主》。这篇诗歌形式的祷文分为四部分:第一部分为赞美造物主;第二部分为造物主对天下子民的宣判;第三部分为凡人的卑微无望;第四部分再次赞美造物主。科恩的歌《焚身以火》(*Who by Fire*)之名来自祷文的第二部分——造物主对卑微凡人的宣判,神以《生命之书》上详尽记录的各种死亡方式来决定每个人的命运。

字来自其开头的第一句话——"让我们述说今日之圣洁力量"。

> 在赎罪日，审判尘埃落定。
> 多少人将逝去，多少人将诞生。
> 谁会活着，谁会死去，
> 谁会末日临头，谁又不会，
> 谁沉溺于水，谁焚身以火，
> 谁被剑刺，谁被兽咬，
> 谁受饥，谁忍渴，
> ……

这些词句并不复杂，它们很粗糙，正如生活本身，但其中的象征意义极其强烈，令人难忘。

第二个瞬间是祈祷仪式的最后部分，祭司阶层的后裔科恩们（Cohanim）*起身为会众祝福。科恩们在这座曾于公元70年毁于罗马之手的耶路撒冷圣殿前面站成一排，手指从中央分开做出一个神秘手势，用祈祷披肩蒙脸，这样你就看不清他们的长相了，也就认不出这些"祭司"其实只是你的体育老师科恩先生，或者只是你朋友的父亲。有那么一瞬间，这个传统让这些人变得高尚了。他们会

---

* Cohanim是Cohen的复数，指犹太教宗教领袖、祭司，即希伯来圣经中先知亚伦的子孙，与后文的科恩先生相呼应。

背诵一句有15个单词的希伯来祝福语："愿上帝保佑你，守护你。愿上帝照耀你，对你有恩。愿上帝抬头看你，赐你平安。"这句祝福语非常古老。我在耶路撒冷的住处附近便出土过写有这句话的银质护身符，这护身符已经有2600余年历史。

第三个瞬间，也是最后一个瞬间，是在下午会众已经疲乏、口干舌燥之时。这便是诵读《约拿书》的时刻。这个有史以来最伟大的故事，仅有48句话。这个故事中，上帝想让一个叫约拿的先知完成他命令的任务，但约拿逃跑了。这是圣经中唯一逃跑的先知。《创世记》中，面对上帝类似的呼唤，亚伯拉罕做出了相反的回应。亚伯拉罕说："我在这里。"在希伯来语中，这只是一个词：hineini。上帝告诉亚伯拉罕要筑坛献祭他的儿子以撒，他照做了。他说，hineini。其他先知则会辩称自己不适合肩负先知大任，如摩西辩称自己口吃，耶利米说自己太年轻，而约拿是唯一一个想逃跑的人。

约拿并没有按照上帝的要求，向东去警告尼尼微（Nineveh）这个罪恶的大都市进行忏悔。他搭上了一艘从雅法（Jaffa）向西驶往他施（Tarshish）的船。他施的具体位置不详，但这其实并不重要，它就在地中海某个遥远的地方，同尼尼微的方向相反。而后，约拿发现自己无路可逃。一场风暴几乎摧毁了他乘坐的船只，他被抛到海里，被鱼吞下后又被吐到岸上，最后来到了尼尼微城外烈日照耀下的沙漠。一株神奇的植物瞬间从地里长出，给他带来了阴凉，却又快速枯萎凋亡。没有阴凉、没有港口、没有船，只有约拿和势不可挡的上帝。上帝能决定谁生谁死，谁临水而居，谁只能受渴。赎罪日行将结束，故事将约拿与我们置于此。赎罪日的传统切断了我们往常的逃避途径——食物、工作、性爱、电子屏幕，并试图让我们从故事伊始便理解约拿的心态。对于我们中的大多数来说，约拿的故事难以理解。但那些衰老、病重、身处战火之中的人，却能够理解这个故事。

赎罪日的早上，鲁蒂并没有赶到机场的犹太教堂。据她10月6日的日记记述，当时她在男朋友的床上睡到很晚才起来，所以，她没听到《让我们述说力量》这份祷词，也没接受祭司的祝福。她男朋友是个皮肤黝黑的、有着宽阔胸膛的技术员。

下午1点51分，一台收音机在巴比伦噼里啪啦地响着。[5]而在西奈半岛另一处，有一个以色列人的掩体，藏在一座小山下，掩体中满是扬声器、脏茶杯和穿绿军装的紧张的以色列人。一个名叫大卫的情报中尉听到一个埃及飞行员正用简短的阿拉伯语报告一次攻击行动。大卫喊道："他们要来了！"有人按下紧急按钮，巴比伦的所有埃及频率都活跃了起来，他们喊道：真主伟大（Allahu akbar）。

炮弹铺天盖地砸向苏伊士运河的以色列一侧，成千上万的埃及士兵穿过运河，蜂拥而至。与此同时，在遥远的以色列北部，叙利亚的士兵和坦克穿越雷区，涌入戈兰高地。地中海上空的一架埃及轰炸机向特拉维夫（Tel Aviv）发射了一枚制导导弹。

鲁蒂听到机场的警报声响起。所有以色列人都知道这种声音。这是一种呻吟声，刚开始很低沉，仿佛紧紧攫住你的胃，两三秒后警报声调变高，给你时间去消化坏事正在发生这一事实，并考虑坏事会对你造成什么影响。同样的警报声响彻以色列，那天每一个身处其中的人都不会忘记。礼拜者在犹太教堂之中缄默不语，陌生人在大街上面面相觑。

两架"鬼怪"（Phantom）战斗机停在鲁蒂住处附近的跑道上，这些新式的美国喷气式飞机的机翼上绘有蓝色的六芒星。驻扎沙姆沙伊赫的机组人员理论上都应处于警戒状态，但是他们像其他空军人员一样，一说起基地就想起女孩、吉他、烤肉什么的，觉得基地是一个放松身心的地方。飞行员和领航员们前一天晚上还使用了他们所谓的"该部门最重要的武器"，也就是基地的16毫米电影放映机。如果写小说，这个细节会增加小说的可信度——他们观看了《虎！虎！虎！》（*Tora!Tora!Tora!*），一部讲述日本偷袭珍珠港的史诗级好莱坞电影。[6]

鲁蒂在室外。她听到发动机声在头顶呼啸而过。这两架"鬼怪"战斗机起飞了，消失在空中。新的飞机出现了，她还记得黑发诗人多伦还有其他几个男孩喊道：那不是我们的飞机。她并没有听懂，此时100码以外埃及炸弹已经把沥青路面炸得坑坑洼洼。她踢掉凉鞋，赤脚跑去避难。一个故事从她脑海中闪过，那是1967年那场胜利战争中的一个故事：一个埃及士兵急于逃跑，但跑得太急了，以至于落下了靴子。

她记得在那里见到了多伦，那也是她最后一次见到他。两架"鬼怪"战斗机返回之时，在基地上空与敌机发生了一场缠斗。此后，西奈半岛的这一角落获得了几个小时的安静——灾难开始在其他地区上演。在这场灾难之中，所有人都错过了《约拿书》，也错过了日落时分赎罪日结束的"关门祈祷"。那一年，赎罪日仿佛从未终结，似乎持续了三周，甚至更久。

雷达站里，女孩子们在其中一间小屋席地而坐，给武器填装弹药。窗户被硬纸板遮住了。大家都心知肚明，每场战争里雷达站都是首要的攻击目标之一，而且有传言说，埃及直升机已经在附近的沙漠投放了突击队员，这些人随时可能找到这儿。男孩们分到了头盔和步枪，尽管他们并不是作战士兵，为战争做的准备也不比女孩们好多少。他们被派往山顶边缘用沙袋筑成的阵地上，这些沙袋本来是他们用来休息的。天黑后，年纪最大的女生普尼娜走来走去，分给大家从家里带的切片乳酪蛋糕。她把最后几片给了她的3个朋友，这三人守同一个武器位，其中一人便是黑发多伦。

奥利刚结束屏幕前的工作，没空也没心情在亚克力桌面上抄写诗歌。她在室外，看见太阳向她飞过来——这是她的第一印象，太阳在夜空中穿越红海向她飞来。一道闪光，山摇地动。在燃烧的房屋照耀之下，她奔跑着，跑到了一个掩体网下面，有几个人正蜷缩在那里。有人让她赶紧用手抱住头。第二枚导弹击中了雷达站。

这里没有防空洞，甚至也没有能躲藏的地方，电已经停了。突然之间，这些青年不再是什么发型精致的潮流青年，不再能从悬崖之巅俯瞰世界，也不再是什么无敌之师的士兵。他们在这个满目疮痍的山头之上孤立无援。有人拿起灭火器想扑灭发电机上的火，有人说无线电棚的两个男孩死了，尽管这听起来并不像真的，但一个女孩开始尖叫，因为她男朋友就在无线电棚。那3个在同一个位置的男孩，就是那些吃了剩下的乳酪蛋糕的人，也失踪了。有个女孩开始用手刨坚硬的地面，好像要给自己挖个藏身之处，或是挖一条隧道，好跑到安全的地方去。

山下机场的人们都看到了爆炸的情形。所有无线电都停了，山头上的雷达站也不再响应。有报告称，埃及突击队占领了雷达站，俘虏了其中的士兵。接着就有谣言说，雷达站里幸存的姑娘都被强奸了。都还不清楚这些消息是怎么被人知晓的，但这就是军队里谣言所起的作用——它帮人具象化内心最深处的恐惧。

那个午夜，也就是战争的首夜，以色列军队派12个士兵乘坐3辆坦克去夺回雷达站。巧合的是，这些坦克是苏联制造的，这个细节很重要。它们是从上次战争中缴获的，已经涂装上了以色列的标志。坦克轰隆隆地开上了弯道，车组人员第一次进入战备状态。领头的坦克渐渐接近雷达站大门，炮手看到了两个士兵。于是他开了炮，看着他们倒下。

奥利、普尼娜和大家一起聚在残破的雷达站里面，听见"敌军"咆哮着、哐哐当当地爬上山来。苏联坦克的圆形炮塔闯进了视野，随后坦克开始开火。守卫大门的两个以色列士兵倒地不动了。

坦克开进了雷达站，向食堂的屋子开火。其中一个男孩丹尼（Danny）被弹片击中，另一个男孩朱达（Judah）正抓着三脚架上的一挺旧机枪。雷达技术人员其实都不知道怎么用机枪，再说机枪在坦克面前也没什么用处。普尼娜就在离坦克只有几码远的战壕里面，甚至能看见"敌军"指挥官把头伸出舱门，听到他对着无线电说："阿莱夫（Aleph）1号呼叫阿莱夫2号，完毕。"那个"埃及人"正在说希伯来语。

雷达站指挥官已经向坦克跑过去，手里挥舞着一件白衬衫。普尼娜也站了起来，她记得那个困惑的坦克指挥官，他不是埃及人，而是来自北部基布兹（kibbutz）的一个同龄的以色列孩子。他的目光穿过头盔檐，盯着她，说："这里还有女孩？"他们都在那里站着面面相觑。

鲁蒂守在山下机场的电话总机旁边，知道雷达站发生了极其糟糕的事情——一场攻击，还是场错误的攻击。埃及人向雷达站发射了火箭，但并没有敌军占领那里。那晚唯一的地面战斗是在以色列人之间进行的。士兵们没有谈论这件事，甚至在未来的30年里都不会谈论这事。战争的最初几天，其他地方的坏消息够多的了，足以让士兵们心烦意乱。鲁蒂所在的营房附近的沙漠之中，有一架米格-17战斗机的银色尾翼正躺在那里。战斗机在战争最初的几分钟里因缠斗坠毁了。埃及飞行员的尸体也躺在那里，直到有人把它收走。多伦的母亲和妹妹不断打电话到总机问他在哪儿，鲁蒂说他现在不在，但她会帮忙传口信。这是有人让她这么说的。[7]

第二章 天堂之门

莱昂纳德·科恩当时在伊兹拉岛（Hydra）上，在渡口附近山上的一座小白屋里避世。10年前，他在逃离伦敦之后偶然发现了这个岛，而他之所以在伦敦，则是为了逃离蒙特利尔。"我生命中的很大一部分是在逃避。不管情况如何，"他后来说，"即使情况看起来挺好的，我也必须逃离，因为它对我来说并不那么好。其中有点自私的想法，但在当时看来并非如此，在那时这似乎只是生死存亡的问题。"[1]

他是由几个比他早到的引人注目的波希米亚人介绍到岛上的，且被那里低物价的生活、驴子和耀眼的阳光所吸引，这一切与加拿大冬天令人窒息的混凝土色天空、一年中有半年时间覆盖在冰冻草地上的成片脏雪形成鲜明对比。"我从来没有去过一个阳光明媚的地方，之前我也从来没领教过什么是阳光，"他说，"所以，我爱上了阳光，爱上了一个金发女郎，还有一座白色小屋。"[2]那个女孩叫玛丽安·伊伦（Marianne Ihlen），科恩给她写了几首人们耳熟能详的歌曲，如《再见，玛丽安》（*So Long, Marianne*）和《嘿，没法说再见》(*Hey, That's No Way to Say Goodbye*)。

科恩在岛上写了小说《美丽失败者》(*Beautiful Losers*)。他光着膀子在阳光下打字，靠的是迷幻药和安眠药。尽管后来的评论家们称赞它，现在还有人喜欢它，但当时基本卖不出去。在他从加拿大文学的小池子进入琼·贝兹（Joan Baez）*、妮可（Nico）**和切尔西旅馆（Chelsea Hotel）***的曼哈顿音乐世界的那些年里，他常常出入伊兹拉岛。科恩是那里的一部分，但又超脱其外，在每个人都穿牛仔裤的时候，他穿着西装，是一个凄凉、有趣、思想与众不同的人。随着60年代的消逝，他逐渐变成一个独特的人物。

到1973年秋天，科恩已经从玛丽安的生活中消失了，就像他从许多其他人的生活中消失一样。他在岛上带着一个孩子，就是他的大儿子亚当，并和一个叫苏珊的黑发女人在一起——不是歌曲《苏珊》(*Suzanne*)中那个与他相识于蒙特利尔的舞者，而是他在纽约认识的另一个苏珊。他们并没有登记结婚，但她是亚当的母亲，他在写作中把她描述为自己的妻子。科恩当时快40岁了，已经不能再优哉游哉地生活。

---

* 琼·贝兹，美国乡村民谣女歌手、作曲家。她的很多作品都与时事和社会问题有关，并于1960年代活跃于反战运动。

** 妮可，德国歌手与流行音乐歌曲作者，也是一位时装模特与演员，是"地下丝绒"乐队的合作歌手之一。

*** 切尔西旅馆是美国纽约市一家因众多作家、哲学家、作曲家、歌手和电影艺术家曾经在此居住而闻名的旅馆。

如果这个故事有两端，一端在西奈沙漠，那么另一端就在天堂之门，尽管故事本身并没有发生在那里。天堂之门在伊兹拉岛以西5000英里的加拿大，跨越一片大陆和一片海洋。从多伦多开车，走401号公路往东进入圣劳伦斯河（St. Lawrence River）畔的大平原，经过纳帕尼镇（Napanee）、一家海岸线赌场（Shorelines Casino），以及绵延的沼泽、橡树林和许多的避暑别墅，在班斯维尔（Bainsville）外的加油站跨过加拿大英语区的边界，从有库什-塔德便利店的埃索加油站（Esso Couche-Tard）进入魁北克，沃德勒伊多里永市（Vaudreuil-Dorion）整齐的工业园区旁标明了通往蒙特利尔的道路。爬上皇家山（Mount Royal），朝山顶上那肃穆的天主教十字架走去，你可能会认为那就是天堂之门——竖起十字架的人可能就是这么想的，但它并不是我们要找的那个。

随着海拔的升高，街道变得愈发干净。这里是韦斯特蒙（Westmount）。你会在这里发现另一个十字架，更小，显得彬彬有礼，圣公会把它放在圣马蒂亚斯教堂（Church of St. Matthias）那堆令人向往的英国石头上。然后穿过街道，一座绿植环绕的优雅堡垒映入眼帘。这座建筑的每一块砖都显得稳重，看起来不可能是什么"通往神的门户"那样的狂妄事物，但低调的希伯来文字母就是这么写的：Sha'ar Hashomayim（天堂之门）。这里的人只是叫它"Sha'ar"，也就是"门"。

天堂之门的基石是里昂·科恩（Lyon Cohen）在1921年从以色

列一路运来，并在此奠基的。里昂是内森·科恩（Nathan Cohen）的父亲，从第一次世界大战的战场上归家以后，与来自立陶宛科夫诺（Kovno）的天才拉比的女儿玛莎（Masha）结了婚。科恩夫妇是圣殿祭司的后裔，正如其名字所体现的那样，是会众的领袖。内森的儿子13岁时，依照犹太律法被命名为以利以谢·哈-科恩（Eliezer ha-Cohen），也就是祭司以利以谢的意思，他的英文名字是莱昂纳德。

在一些犹太教堂里，衣衫不整的男女会在赎罪日大声呼喊出祈祷词，手指僵硬地指向天花板，他们的披肩和手帕都歪歪斜斜的。禁食禁水让信众身体孱弱，也激起了他们过去一年因多次失败而生出的恐慌和忏悔。但天堂之门并不是这种犹太教堂。这里声音低沉，像鲁布托（Louboutin）鞋店*。在这里，宗教传统已经被封存了，封存着它那桀骜不驯的核心，即一位凶残的神向一个奴隶部落传递的神谕。这位神带领他们走出埃及，穿过西奈半岛的荒原，在他们的营地前化身为云柱与火柱指引他们，让他们了解生死与其他的知识，用自己的目光使他们获得新生，再用掠夺和瘟疫击垮他们，又从磐石中取出水。而在韦斯特蒙，你甚至无法想象出西奈半岛的模样。

---

* 鲁布托鞋店的装潢风格独树一帜，有类似寺庙的拱门，地面铺红地毯。蓝色的吹制玻璃吊灯悬挂在天花板上。象形文字、符号和盲文被雕刻在木制的砖上，排列在商店的部分内墙上。

1964年，科恩还只是一个加拿大诗人，他在蒙特利尔的一次演讲惹怒了听众。他驳斥了犹太群体生活中复杂而有条理的信仰体系，认为这空洞地歪曲了他们的神圣使命。他说："我们不能直面天堂。"旧录音中，他声音中的轻蔑清晰可闻。"我们已经失去了回溯历史的天赋。犹太小说家都是社会学家，只看当下。4000年前那场伟大的突发历史事件残余的能量，让我们转向了自己。我们敲自己的门，还奇怪怎么没人回答。"他抨击说，现在需要的不是祭司，而是先知，需要"肮脏的圣人"和"怪物般的隐士"。他呼吁"暂停所有的宗教仪式，直到有人说看到了异象，或某人打破了他对'无限'的想法"。[3]这便是1973年赎罪日到来时，这个犹太教堂最著名的后人不在蒙特利尔的原因之一。他没有跟随他的父辈成为社群里的宗教领袖或者进军服装业，而是待在遥远的地中海某处。

科恩大半生都被抑郁困扰，战前在伊兹拉岛上的数月似乎是黑暗的。"我和一个女人、一个孩子生活在那儿，"他写道，"这情况让我有些紧张。"[4]岛屿是一个可供避难之处，也可能让人搁浅。这种情绪也体现在他对西奈之旅的书面叙述中，其开头将出现在下一章。这些文字往往既生动又色情。他写女人的方式以及他与女人的关系，是他那个时代风格的一部分，但与我们的时代格格不入。对不熟悉他早期诗歌和小说的人来说，这可能令人震惊——他们知道他那些超越性的轰动作品，却不知道他超越了什么，或者说，他们对科恩的印象来自他晚期那个西装革履的绅士模样。这位绅士版科恩曾开玩笑说，他65岁才第一次真正遇到女人。而39岁时的这位诗人，这个前往西奈半岛、创作出这份手稿的人，当时正陷于愤怒和冲动之中。他正试图用女人和毒品来麻痹自己。那时，他是一个很难让人爱上的人。

那年秋天，他很沮丧，也许甚至感到困厄，不仅仅因为他的新家庭和快40岁的年纪，还因为他的音乐。前一年有一次欧洲巡演，其中有两天在以色列。他自己认为表现得很糟糕，在舞台上，他努力争取的崇高时刻没能出现。科恩厌恶音乐商业及其对他的影响。

"那是很久以前，我的歌没卖出去，但后来它们还是被人们发现了，"1973年3月科恩对一位采访者说，"那时人们看到这些歌有利可图，最后我也对利润感兴趣了。"[5]

他开始谈论隐退的事。"都结束了，"科恩在同年接受《旋律制造者》（*Melody Maker*）的罗伊·霍林斯沃思（Roy Hollingsworth）采访时说，"我祝愿每个'摇滚界'人士都能一帆风顺。愿他们的音乐成为伟大之作。希望能出现些好的创作者，我相信会有的。但我不想当其中一员了。我有一些歌还悬在空中，但没法让它们落地。反正我要走了。"[6]他回到了伊兹拉岛。这便是科恩在10月初赎罪日战争前的情况。

第三章　埃及的子弹

科恩手稿[1]

我正听着阿拉伯人和犹太人之间战争的消息。我想去战斗、去死，因为她太丑陋了，以至于我不想和她一起生活。我的肩膀坏了，不是因为帮泥瓦匠搬石头就是因为咬牙切齿，或者两个原因都有。咬牙切齿地看着美丽的残骸，生活在仇恨之中，躺在床的半边不敢越界，总是在脑子里尖叫着"不"，我的生活不可能是这样的。我每小时都听新闻。我不能动弹。战争在继续。我们的奇迹在哪里？

　　我听到自己在和安东尼[2]谈话。我在谈论"犹太之心"。我们坐在露台上的一张小桌子旁。他说的是"世界之心"。我说的是肉体和石头砌成的耶路撒冷。他说的是心灵的耶路撒冷。那是10月一个阳光明媚的早晨。我们在一张我很久以前从雅典带来的小柳条桌前喝着阿华田。

　　我说，我们生活在一个有限的世界里。至少我们生活在一个双重世界里。我们并不居住在半空中。在这个世界上，精神被锚定在泥土里。耶路撒冷不仅是一首基督教赞美诗，也是难民的首都。这是真的吗？是真的吗？

我们中的一个人在说话。我们的妻子给我们带来了阿华田——老郎中*的饮料。我说我还在争辩只是因为想要延长这个愉快的谈话。我知道我要做什么。

他说，去比留下更容易。战争的刺激与这温暖和单调的折磨形成对比。"去"是一条更轻松的路。"去"是一个借口。我们并不是为了轻松。

我说我要去。

他说我也要去。

风景，他说。

战争，我说。

不管你怎么说。

我的妻子，是什么样的光束、电线和以太将我们连接起来。什么样的丝带和轨迹，像飞行航路一样大胆而细致，以干净利落的弧线穿越不同的地方、情绪和语言，一端沉入你的胸膛，一端沉入我的胸膛。通道中激烈的气流颤抖着发出信号。就像凝视星星的眼睛，就像目光和星光的合金。那些灵性的精子带着使命，穿过玻璃般的空气，冲向那颗在你骨骼中加冕的月亮卵子，那所有的阴影孕育着仇恨、爱、懊悔。一条狗在黑山上急促地吠叫着。也许你能在

---

* 原文为meta-physician，metaphysician为"形而上学者"之意。

睡梦中听到他的声音。当我再次试着回家的时候，一只黑色的、鼻涕虫一样的昆虫从墙上下来了。铃声开始响起。根据某些宗教的时间规定，这一定是夜晚的结束。

不管你怎么说。

把收音机打开。点上一支烟。你毕竟是一个普通公民。在各个电台频道之间来回跳转。找到一首好曲子。不要听歌剧。不要无线电噪声。不要热情的阿拉伯小提琴。不要装甲的交响乐。不要关于鸟类和船只的羞涩的法国旋律。³关掉收音机。你又能听到风声了。再点上一支烟。身体前倾。你已经长大了。晃晃你的膝盖。你的阴茎没给你惹事。你并没有因为欲望而难受。再听听收音机。希腊人不错。现在已经是午夜了。各国政府都在讲话。再试着沉默吧。你的政府正在讲话。它是不会引咎辞职的。⁴它也不会呕吐。它不会叫醒你的妻子，让她笑着走进房间，温暖地说，我做了一个梦。我们是在海浪之下结婚的。孩子已经醒了。

打开收音机。他们居然在播放《德意志万岁》（*Deutschland Über Alles*）。那是一个听起来像迪伦的人。意大利新闻。格伦·米勒（Glenn Miller）的美国之声。

我说，因为我们之间的关系已经如此糟糕了，所以我要去埃及，阻止他们的子弹。小号和一块剃须刀片。风琴的音乐。

她说，那可真棒。然后我就去自杀，咱们的孩子会落入陌生人之手。

你对我做了什么，她说。

你对我做了什么，我说。

孤独的人，我们说。那些夜晚我们撕扯着。你无情，我们说。你贪婪。你无情。你恶言恶语。给我点时间。你永远也改不了。你的先人。我的先人。去你的，我说。你个混蛋。别叫了。我受不了了。你什么都受不了了。这不是人过的日子。在孩子面前。让他看看。这可不好。你他妈的说得对，这不好。

这个厨房曾经很美。油灯、摆好餐具的桌子，一切井井有条。遵守安息日。这就是我想要的。但你不想要这个。你不知道我想要什么。你对我一无所知。你从来都不知道。一开始就不知道。现在也不知道。在这段婚姻被封印的领域，在婚宴不断举行的地方，在亚当和夏娃面对彼此的地方，地基完好稳匝，你的兽毛像黑色的火焰一样向上燃烧，你的乳房时而是少女的状态时而是哺乳的样子，让我的脸垂了下来，我们的饥渴受到太阳和月亮的祝福，一群舞者围绕着房子，房子里的房间是隐蔽的，床是塌陷的，饥渴加入进来，里面的一个人说着话，却无人能听懂他的表达。

我这就走。

我和妻子去了港口。在路上，我指责她下意识里对我人生内核的不休不止的攻击。我知道这样做是不明智的。我只是想借此对她发火，让她注意到，她做事经常像贱人一样，但我还是失控了。这些地方不存在自控力。我成了一个暴徒。我攻击了她的灵魂。她的灵魂进行自卫，并进行了大规模的报复。我很高兴你没有为我打包行李。你总是拖累我。有你在身边，我就没法做一个杂技演员。

当我们经过鞋匠那敞开的门时，他抬头看了看我们。这种羞辱让我很生气。我把剃须刀片塞进她的神经。她的眼睛变了颜色。这样做的时候我说了"耶稣基督"，然后稍微加快了我的脚步，稍稍移动我的下巴，完全且永远地将她的本质拒之门外。半睡半醒的老约翰看到了我们，但这并不是什么羞辱，因为他已经不认识我了，我也不再向他打招呼。疯子船长看到了我们，但这已不能对我构成羞辱了，因为他是哑巴，还是个疯子，住在港口，知道所有人的丑事。我们在港口，在桅杆和商店之间的单调阳光下。汽笛声响了，船来了。得不到你的祝福，我将不得不在崩溃的世界中旅行。这就是那条船。

瑙拉亚号（*Naeraia*）来了，它的白色甲板在我们头上方。我知道一两条船的名字。绳子在飞，制服一闪而过，到处都在劝人抓紧时间，警告误时的后果。我凝视着她，她变得美丽而平静。我不会得到祝福的。这段旅程有一个不道德的开始。

一上船，我就待在船舱里。我没有爬上上层甲板，向一个没明确给我祝福的人挥手告别。她必须带着她死去的祝福上山、回屋。当她回到家时，她把一条蓝丝带别在我的风衣内侧，挨着心脏的位置。她后来给我看了这个。这当然也是我能活着回来的一个因素。

我在一个干了些活的人旁边坐下。身边总有这样的人，照亮别人的懒惰。这个人的谦虚尤其让人感到愧疚。他的手告诉我，我是多么懒惰；他的安静告诉我，我是多么吵闹；他的皱纹告诉我，我是多么懦弱；他的肩膀告诉我，他有多么骄傲。

我们到了埃伊纳岛（Aegina），这里是开心果之乡，比雷埃夫斯（Piraeus）港的前一站。安东尼告诉我，乔治说一开始只想从正面看它们，但过一会儿就只想看它们的背面。*

斯塔马蒂斯（Stamatis）在埃伊纳岛上了船。他是个沉迷女色的地主，是岛上的人。我问他是否有莉泽特（Lizette）的消息。莉泽特是我们共同认识的一个英国旅馆老板，据说她常给人口交，因此名声很差。我们每年偶尔谈话的主要内容就是关于她的无聊消息。是的，斯塔马蒂斯有消息，但不是什么好消息。莉泽特到了雅典，并且联系了他。他们约好了一次幽会，但由于看错了时间，两人错过了。后来，他给她住的旅馆打电话，被告知她不能用电话。电话里他把酒店经理叫了来，但对方建议他别过去，这可不是什么好事情。几周后，他收到了莉泽特的来信，邮戳显示来自伦敦，信中言辞明显不快。她在一家餐馆后面被3个日本游客折磨惨了。我和斯塔马蒂斯很久都没聊过了，这是很久之后的一次谈话。你相信这个荒谬的故事吗？我对他说。

令人惊讶的是，我变得如此清醒和快乐。我和那个不美丽的人

---

* 意为开始很想见某物或对某物很感兴趣，过后便只想逃离。此处应指开始人们会很盼着来到埃伊纳岛，后来却对它很厌烦，只想离开。

之间不过相隔一小片海域，世界就开始变得生动鲜活了。他把一支烟塞进象牙管里，假装没有听到我的话。我们小口喝着乌佐酒，非常满足，世上的这两个男人什么都不需要。

——你为什么不在以色列。他说，因为他曾经在那里见过我。

——其实我正要去那边。

——真的吗？真的吗？他站了起来，很高兴。

——我们一靠岸，我就直接去机场。这就是我坐这条船的原因。

——好极了，他说。真的。好样的。好样的。好样的。哦，我太高兴了。好样的。好样的。好样的。好样的。他抓住我的双手，带着真切的热情和类似感激的心情握着它们。显然，我现在代表了他深深珍惜的某些古老的美德。我们的共同之处不仅仅是对女人的迷恋。我们是盾牌，是捍卫者。我的家，他的家。我的土地，他的土地。正因为如此，我们才被授予持有香烟、孤独和随意谈论女人的权利。

——你必须。你必须。他说。

——我知道。我感到卑微，感到自己命数已定。他的眼睛似乎正闪闪发光地看着一具荣耀的尸体。他对我的钦佩吸引了好几个旅伴。他开始用希腊语跟这些人讲话：

——这个人要到以色列去保卫他的国家，对抗他国家的敌人。他离开了生活舒适的房子，离开了一个女人和一个孩子，离开了他所有成就带给他的安适。我想知道你们中有多少人，如果此时你们生活在比如说是荷兰或瑞典的类似情况下，威胁出现，（希腊人）要去跟土耳其人打仗，你们会不会牺牲你们自己的安全回来？好样的，莱昂纳德。好样的。好样的。好样的。他轻蔑地挥了挥手，让他的听众回到各自的舱房反思他们的懦弱，然后我们拥抱在一起。我想，我一定是做了什么非常愚蠢的事情，才能让另一个人如此高兴。

第四章 遵照谁的意愿?

在战争的头几天，要去以色列并不容易，不单单是因为航班中断，还因为世界各地成千上万的人都想去以色列。他们围住了伦敦希思罗（Heathrow）机场和巴黎奥利（Orly）机场的以色列航空柜台。许多人是年轻的以色列人，想要加入以色列预备役部队，如东京的以撒和伦敦的什洛米（Shlomi），他们之后会在本书登场。航空公司有军队给的优先乘客名单，而且一开始，如果不是坦克兵或医护人员，就上不去飞机。这是事态发展的一个标志。机场里有一些人是平民，急于回到他们在以色列的家人身边。有些甚至不是以色列人。例如，在赎罪日，一位佛罗里达州的犹太眼科医生在犹太教堂里听到了战争消息，当天就带着他的手术器械上了飞机。[1]另一位美国医生从匹兹堡来，在落地4小时后就开始为士兵们做手术。一位来自南非开普敦的外科医生被推上飞机，在卢德（Lod）降落，直接被派往西奈半岛的前线。

那些日子里，来自以色列的求救信号对一些人的影响就像《蝙蝠侠》漫画中的蝙蝠信号*，或者《纳尼亚传奇》的苏珊号角**。这种情况现在可能很难理解，即使在当时也是如此。许多响应的人把自己都给惊着了，比如我的父亲，1967年6月以色列与埃及、约旦和叙利亚之间爆发战争时，他在多伦多读研。像许多二战后在西方长大的犹太人一样，他与犹太教传统没多大关系，也不会说希伯来语。如果说，以色列的犹太人把他们的未来押在了一个陷入困境的犹太国家的公民身份上，那么我父亲和他的同龄人则指望着多数人的善意能够包容他们。中东地区的战争并不是他生活的一部分。但在1967年6月，他自然而然地就给多伦多的以色列领事馆打了电话，询问如何才能乘坐飞机过去，去帮助这个他从未去过、一个人都不认识的国家。领事馆对他表示感谢，说并不急需他过去。

　　另一个有同样想法的人是炽烈的、放荡不羁的蒙特利尔诗人欧文·莱顿（Irving Layton），他是科恩的导师和最亲密的朋友之一。莱顿出生在以色列，那时他叫拉扎罗维奇（Lazarovitch），和许多人一样，他改了名字，但没有改变他的忠诚。阿维娃·莱顿（Aviva Layton）是这位诗人20年来的伴侣，也是他儿子的母亲。她记得在1967年他55岁时，曾经前往以色列领事馆自愿参军，回来后，他对

---

* 蝙蝠信号是DC漫画公司出版的美国漫画书中的一种求救信号装置，用于召唤超级英雄蝙蝠侠。

** 苏珊女王的号角是苏珊·佩文西（Susan Pevensie）作为温柔的苏珊女王在纳尼亚统治时的珍贵财产，在紧急情况下可用来呼救。

不被以色列领事馆接受而感到沮丧。"那个时候,"阿维娃说,"在我们对以色列有什么政治立场之前,这只是犹太人残存的一种本能。"²

这种情绪可能属于老一代人,属于以色列更加脆弱的时期。它最近出现在2016年乔纳森·萨福兰·弗尔(Jonathan Safran Foer)的小说《我来了》(*Here I Am*)中,故事里一个美国犹太家庭因以色列遭受灾难、被侵略而分崩离析。主人公鼓起勇气奔赴战场,这出乎他自己的意料。在进入长岛机场接受以色列人的审查时,他发现其他志愿前来的人都在唱《金色的耶路撒冷》(*Jerusalem of Gold*),这是一首1967年战争中的爱国歌曲,犹太儿童在夏令营中都会学它。"我一辈子都在写书和剧本,"主人公反思道,"但这是我第一次感觉自己就像一本书里的角色,我存在之渺小,生活之戏剧化,终于与活着的特权相称了。"

科恩出生于1934年,所以他还有第二次世界大战的记忆,也知道没有一个犹太国家意味着什么。以色列于1948年建国,当时他14岁。1961年,科恩27岁,以色列13岁,他在第二本诗集的一首诗《外祖父日记中的诗行》(*Lines from my Grandfather's Journal*)中与这个国家对话。他的外祖父叫所罗门·克洛尼茨基-克莱恩(Solomon Klonitzki-Kline),是科夫诺的拉比。这位老拉比逃离欧洲来到新世界,目睹了那些不幸之人的命运,科恩说,老拉比认为这是犹太人历史上的一个转折:

士兵们排成紧密的队形。特拉维夫白色街道上的伞兵。谁敢蔑视对焚化炉的回应？不管是什么回应。我不喜欢看到波兰犹太人隔离区里发育不良的年轻人。他们弓着的背并不好看。原谅我，看到他们穿上军装，我一点也不愉快。看到犹太人的营队，我并不兴奋战栗。

但在犹太人隔离区和营区之间，在鞭子和最让人厌倦的爱国主义傲慢之间，只有一种选择……[3]

科恩早期对战争的态度和对社群的忠诚体现在他的抗议歌曲《以撒的故事》（*Story of Isaac*）中。这首歌是他在越南战争发展到高潮时写下的，即在本书最关注的事件发生的4年前，其内容以《创世记》的故事为蓝本，关于亚伯拉罕为何愿意牺牲他的儿子——上帝让他这样做。歌曲的结尾是：

倘若你现在称我为兄弟，
请原谅我的诘问：
只是这遵照谁的意愿？
当一切归于尘土，
倘若非做不可，我会杀了你，
倘若力所能及，也会帮你。
当一切归于尘土，

倘若非做不可，我会帮你，

倘若力所能及，也会杀了你。

仁慈与我们同在，

和平之人，好战之人——

孔雀已然开屏！

这首歌比科恩平时的风格更直截了当，也更有话题性，包括"你现在建造这些祭坛/牺牲这些孩子/你必须不再这样做"，但科恩并不是一个和平主义者。他最经久不衰的歌曲之一仍然是《游击队员》（*The Partisan*），这是一首关于武装抵抗的颂歌。而最终《以撒的故事》也不会出现在演出中。他不希望与约翰·列侬混为一谈。"我不一定非要有一首歌叫《给和平一个机会》（*Give Peace a Chance*），"他在赎罪日战争前7个月的一次采访中说，"我可以写一首关于冲突的歌，如果我以和平的方式唱出来，那么它所表达的内容就是类似的。我不喜欢这些写口号的人。"[4]

科恩也不相信列侬歌曲《想象》（*Imagine*）中的世界，那里的人们生活中没有国家或宗教。科恩对东方的精神信仰产生了兴趣，在那些日子里，他经常看《易经》，还在加利福尼亚鲍尔迪山（Mt. Baldy）的一个佛教寺院里待了几年。但他从没想过要背弃自己的出身。"很多人觉得我改变了我的宗教信仰，他们看待我时态度非常猜疑，甚至很轻蔑、很失望，认为我放弃了自己的文化，放弃了犹太教，"他于1997年在寺院对一位瑞典采访者说，"好吧，其实我从来都没有寻找过新信仰。我已经有了非常好的信仰，就是犹太教。我对信别的宗教没有兴趣。"[5]

他曾经对他的同胞、蒙特利尔作家莫迪凯·里奇勒（Mordecai Richler）做出了轻蔑的回应。里奇勒拒斥犹太社群，拒斥培养自己的国家，并在1964年建议加拿大并入美国。科恩认为，唯一有价值的文化就是来自对同一种语言、同一个群体、同一个地区的忠诚，没有这些差异的世界将是令人无法忍受的。他说："只有民族主义才能产生艺术。"[6]他认为犹太教和加拿大都值得留存下来，而且它们确实有一些共同点。"加拿大人就像犹太人一样——他们在不断审视自己的身份认同。"他说，"我们正处于一个伟大帝国的边缘，这使整件事陷入一种非常特殊的困境。"[7]科恩并不囿于忠诚，但他保持了忠诚。

带着这一系列复杂的牵挂，同时逃避了一些更个人化，也可能更复杂的牵挂，他独自抵达雅典的埃利尼康国际机场（Ellinikon International Airport），准备前往特拉维夫。

第五章　犹太战争中的伤口

科恩手稿

机场。对机场的描述。是的，我认识这玩意，这是个机场。从单纯的文字中认出它是多么令人愉快。它是多么真实：大理石、霓虹灯、坏圆珠笔。难道这是个银行？不，这是机场。

去特拉维夫的飞机上还剩下一个空位。什么也拦不了我。我的运势来了。穿着制服的女孩们对我的机场造型微笑。我不想把她们都抛在后面。这个人在旅行。我又瘦了，皮肤松弛了。在心里，我在给自己晒日光浴。

我扫视着装满卡片和书籍的货架。我买了个信封，装上我口袋里所有的德拉克马*，然后把它寄回岛上，信封上面写了"最亲爱的人"。没有她的祝福，我的自由岌岌可危。

我看到了一个男人，这个男人也看到了我。我看到他挪了挪身子来看着我。他很年轻，很瘦，有胡子，穿灰色套装，脚步轻盈，好像也不是来坐飞机的。我正坐在大理石地板上的一个角落里等待

---

* 一种希腊货币。

航班消息，看到他在仔细观察我。我估计是我年纪太大，坐在地板上不合适。我的坐姿非常友好，但身边的皮包年纪也太大了，它是我所拥有的东西里面最像条狗的。可能我一直在拍它。

在我离开机场邮局时，他拦住了我。他的脚步很轻，我改变了行动方向，没有被他拦住，于是他给我看了他钱包里的东西，并礼貌地解释说：他是安全人员，请我跟他来。我跟着他，没有像我想象的那样去一个办公室，而是进入了一个男厕所，这是最近的一个公共男厕所。我对自己说，这是马上要羞辱我的意思了。

我们在洗手台前停了下来。镜子很亮。一个警察正在刮胡子。小便池边，另一个警察正在小便。这个男厕所里没有普通公民。我希望我不用脱衣服，也希望不要考验我的勇气。

——护照。

——Amessos（马上给）。

——你怎么会说希腊语？

——我就在这儿生活。我是一个希腊语爱好者。

我们必须忍受这段乏味的轶事吗？它没有揭示什么。它只是发生了。没有被警棍暴揍，没有什么身体器官碎在瓷池子上。我们这些人旁观过警察拔掉人的10个指甲，对这些"奢侈"的事情很反感。

——那你为什么要离开我们呢，希腊语爱好者？

我们现在就结束这段轶事吧。虽然它是善意的，也没有故意弄虚作假，但它已经太不准确了，而且很平淡，对读者和作者都没有什么价值。

——我要去以色列了。因为战争。

我们在等待登机前的安检搜身。看得出来，有人已经认出了我。没有一个是我想发生关系的，但我想看其中一些人的裸体，特别是某个女孩，她的眼睛现在正看着我，突然间，她是如此善良和可爱。

他们叫阿舍（Asher）和玛戈利特（Margolit）。排队时他们正站在我前面。我们做了自我介绍。他们说知道我是谁。让我走吧。阿舍很认真，有络腮胡，肌肉发达，很兴奋，有蓝色的狂热的眼睛。他让我很惊讶。他对我说，如果有可能的话，他想成为我的朋友。我必须认真对待这个人。城市都被封锁了，很难四处走动，到那边的那晚我愿意和他们一起住吗？谢谢你，让我的座位离他们远一点吧，这样我就可以自己坐了。玛戈利特没给我压力。她正在用她自己走时缓慢的钟计算时间。

——你告诉他你的另一个名字了吗？玛戈利特问阿舍。

——没有，我告诉他的是唯一的名字。

故事是这样的：阿舍是美国人，皈依了犹太教，是以色列的公民，去年受了割礼。他在犹太战争中受了伤，以成人的罪和血为代价，才得以在我们中间存活。伤口在他的牛仔裤里面，但他把这个残缺像行李袋一样扛在肩上，在他的痛苦负担之上，一个耶稣怪人露着疯狂笑容正在偷瞄，一个加利福尼亚的神秘主义者在尖叫，上帝是我们的历史。这些人都是相信文字的人，我们应该让他们看看我们的圣经吗？像我们这样的人写了圣经。我们是出于恶意和绝望写的。

我们在特拉维夫着陆，阿舍在军人服务台登记，给他们出示了自己不宜入伍的证明。他有糖尿病。我在我的"神话之家"，但我没有证据，不能辩论，也没有陷入自我相信的危险之中。我们在等一个朋友的车。车的颜色非常黑，所有的大灯都涂成了蓝色。因为不会说希伯来语，我得以享受合法的沉默。我们在漆黑的高速公路上行驶，听着收音机里关于战争的新闻。我没有要求他们翻译那些庄严的声音。我处处为家，在我当作"家"的地方，我从来听不懂那里的语言。

我们到特拉维夫郊区赫兹利亚市（Herzliya）玛戈利特的父母家时，已经是凌晨2点了。那是朱迪思（Judith）房间的窗户，她是玛戈利特的妹妹。哦，玛戈利特还有个妹妹。我们向窗户扔了石子。

早上我起来，赞美主，他把阳光送到世界上，他的恒星发出光束贴着我的皮肤。我是一千人的军队，但他是永恒的那位。我就在这里，亲爱的父。你把我的心倾注在你的世界里。蒙特利尔的雪。

我们向她的窗户扔了石子，还是我们把她叫了起来？我说的可是真的。

朱迪思下了楼，打开了门。请让我进入她的睡袍吧。她的母亲醒了。她母亲是一个来自芬兰的高挑俊俏的犹太妇人。我们围坐在餐桌旁，等待水煮开。朱迪思的睡袍有一瞬间开了叉，她温暖而困倦的大腿像一席孤独的盛宴，不为谁而准备，并以不假思索的谦虚姿态落幕了。

我们这些人是为了战争远道而来的，一架飞机上全都是我们这种人。朱迪思和她的母亲不知道战争在哪里。她们曾试着参加过一些志愿活动，但她们所做的无非就是花了几个下午在一个基布兹*种花。令人不安的就是不时在收音机里听到的悲伤新闻，但又丝毫感觉不到战争。他们还是每天都去海滩玩。战争在别处。

——你是来给部队唱歌的吗？他们问。

不，我是来吞掉朱迪思的。

——我不这么认为。阿舍说。

他觉得，我和他以及玛戈利特是为了一样的原因回来的。我们要去那里，而不是对我们兄弟的血袖手旁观。

也许是为了从歌唱职业的虚荣中恢复过来。越来越清楚的是，无论是这个夜晚还是这个家庭，都不会在客房或屋后让我和朱迪思成婚，我们也不会在上厕所的路上意外相遇。我想，我得说晚安了。多谢款待。就我自己而言，我不喜欢家里有陌生男性，但玛戈利特显然比我精神境界更高。我注意到，阿舍不时地提到上帝。他

---

* 以色列的集体农场。

有上帝的指引，知道上帝要我们做什么。我们所有人都奇怪地看着他，仿佛在说，这个疯子好像把一切都当真了。

去公交车站。独自等待公交车。第一个远离人群的时刻。只有我和我的棕色皮包。独立的观察者。

在沿着海岸线的公交之旅之后，我住进了加德酒店（Gad Hotel），期间我为自己独自一人而不是和你在一起而祈祷。[1]加德酒店是士兵和妓女的住所，在弗里斯曼（Frischman）海滩附近的哈亚尔孔街（Hayarkon Street）。我被安排在8号房。

现在，当我写下我的名字和电话号码时，阿利斯（Aleece）就在小办公室里。我不知道她的职责是什么，但我知道她与旅馆有关。她的存在有一些缺憾和机械性。她有一双不锈钢腿。它们非常修长，形状优美，但又朴实无华，强壮有力，它们像桥梁的钢架一样耸立在她的细高跟鞋上。她是一个有性意味的构造。我抚摸着她身上的洞，看着她清澈而恐慌的蓝眼睛，我不知道她是不是一个机器人。她的头发是金黄色的，很完美，但太稀疏了，好像她的发明家忘了更换头发。她说她来自阿姆斯特丹，但言辞有漏洞，话也说得不是很好。她被创作于发明家的杰作之前，那时他的驱动力是欲望，他仍努力在粗俗的世界里建立他理想的性幻想。这是小旅馆里的一朵怪异的花。

我拿着钥匙和棕色皮包爬上楼梯，进了8号房。[2]我听到阿利斯在我身后登上台阶。8号房，在一个温暖国度的我自己的房间。一张床,一张桌子,一把椅子。也许我可以再次成为一名诗人。阿利斯在走廊里发出声音。我可以看到窗外午后的大海。我应该看看大海,但我不想看。内心的声音说:只有放弃淫乱,你才能再次歌唱。选吧。这是个可以让你重新开始的地方。但我想要她,哦,哦。请让我拥有她。让你自己沉醉于你的坚硬,拿起你的毡头笔。

她在走廊里发出声音

进来

她进来

到阳台上

站在她身后

说,靠过来

撩起她的短裙

水淌到我手里

来打开

看着夕阳

落在她头发上

你和酒店的女仆

有关系吗

不,我是

你要写的那个人

那个在充血的柱子上

航行的人

从大脑到峡部

在你松开手的裤子里迷失了自我

我使自己变成了现实

写完这些句子后，我有一种崇高之感。阿利斯已经走了。我的劳动成果散发出的光彩已经涤荡了整条走廊。

第六章 神话之家

当时的特拉维夫并不像现在这样。它既不富裕也不国际化。它只是一个建立仅64年的地中海小城市，有一些摇摇欲坠的老建筑，在被潮湿和盐分侵蚀之前，这些老建筑都很可爱，而新建筑从一开始就很丑。基本上所有30岁以上的人都是从欧洲或阿拉伯国家逃出来的，他们中的许多人会在睡梦中尖叫。但这个城市有个不错的海滩，带有几分波希米亚风格。作家、艺术家们经常流连于卡西特咖啡馆（Café Casit）、加利福尼亚咖啡馆，以及离科恩的旅店5个街区的皮纳提咖啡馆（Café Pinati）。

科恩来过这个城市。一年半之前他首次面向以色列观众演出，那是1972年4月，在那次麻烦的欧洲巡演结束时，他在特拉维夫的一个体育场馆演出。他的乐队被他称为"军队"（The Army），其中包括鲍勃·约翰斯顿（Bob Johnston），他是迪伦和约翰尼·卡什（Johnny Cash）的传奇制作人，担任乐队的键盘手。吉他手是罗恩·科尼利厄斯（Ron Cornelius），他戴着墨镜，留着下垂的小胡子；还有伴唱歌手珍妮弗·瓦内斯（Jennifer Warnes）和唐娜·沃什伯恩（Donna Washburn），她们身着吉卜赛裙子和披肩。一个拍摄巡回演出纪录片的工作人员拍下了这次演出的混乱场面，结果科恩很讨厌这个纪录片，不愿将它发布。

舞台旁边的地板被清空了，这是为了保护篮球场上的新地面漆，这让歌迷与表演者之间的距离有些荒谬。科恩的眼睛找不到焦点了，声音含糊不清，暗示了给他这次巡演提供动力的化学物质。他邀请大家走近一些。观众涌向了他，但身穿橙色衬衫的警卫开始把人们往回推，然后又开始大打出手，演唱会失控了。科恩恳求警卫停手，他还想继续唱歌，但只得停下。他说："现在没有必要挑起一场战争。"然后和激愤的乐队离开了舞台。[1]

两天后在耶路撒冷，1972年巡演的最后一场演唱会的状况甚至更惨烈。纪录片中显示，演出前，科恩在更衣室里服用了迷幻药。演出时，观众听得津津有味，没有发生骚乱。这一次是科恩的错，他在唱了几首歌后注意力变得涣散，在演唱会中途停止了表演。"军队"乐队在欧洲巡回演出时，发生了一些很难应付的情况。比如在柏林的一场演唱会中，科恩用纳粹口号来嘲弄吵闹的观众，还有几场是音响设备出了故障。但从来没有发生过像这样的情况。这位歌手和耶路撒冷的观众之间发生了一些事情。"我以前曾经感受过这种气氛，"他事后在台下说，试图搞清楚状况，"那还是在蒙特利尔。我的整个家族都在那儿。"

他没有唱歌，而是开始跟观众探讨犹太神秘主义。他说："在一些夜晚，一个人可以被抬离地面；而在有些夜晚，又没办法离地。我这可不是说谎。而今晚，我们就是没能离开地面。这是卡巴拉（Kabbalah）说的。"这一古老的神秘内容让一些观众欢呼起来，因为在耶路撒冷，这就像是对家乡的呼喊。"卡巴拉说，如果你不能离开地面，你就应该留在地面上。卡巴拉说，除非亚当和夏娃面对面，否则上帝不会坐在他的宝座上。不知何故，今晚我内心的男性部分和女性部分拒绝彼此相遇，所以上帝就没有坐在他的宝座上。在耶路撒冷，这事情是很糟糕的。"他退场了，有人出去给大家退钱。

另一群人可能已经离开，或者已经生气了。但是礼堂里的人却开始唱《天上平安赐给你》（*Hevenu Shalom Aleichem*）。这是每个希伯来语学校都会教的基础歌曲，只有这3个单词，一遍又一遍。也许他们发觉这是他们与科恩的共同点——他是家人，他一定知道这首歌！他确实知道这首歌。年轻听众的年龄意味着他们将在第二年的战争中走向战场，并遭到覆灭。当你看着他们时，你会想，他们中谁会活不到1973年结束的那一天。他们唱了很久。科恩在他的更衣室里听到了，因为他正在更衣间试图平静下来。最后他回来了，只是在那里站了一会儿，冲着唱歌的人微笑着，似乎他难以置信。

他唱了《嘿，没法说再见》和《再见，玛丽安》，演出最终结束时，观众仍然不愿意回家。科恩哭了，伴唱歌手们相拥而泣，这些场景在纪录片里都能看到。观众请求返场，但乐队已经很累了，正四散离开。科恩又走了出去。"嘿，大家听我说，我和我的乐队成员都在后台哭，"他说，"我们太崩溃了，无法继续演出了，但我只想告诉你们，谢谢你们，晚安。"他最后一次离开了舞台。"多好的观众啊，"他说，"谁见过这种事情？"

许多年后，他还记得，在自己的经历、犹太历史、迷幻药和不可轻视的耶路撒冷的共同重压下，他回到舞台上唱《再见，玛丽安》的那一刻。"我看到玛丽安直直地站在我面前，我开始哭了，"他回忆说，"我转过身，乐队也在哭。然后就发生了现在看来相当滑稽的事情：所有的观众变成了一个犹太人！这个犹太人说：'孩子，你还有什么给我看的？我已经见得多了，但你的表演并不能让我感动！'这就是我们的传统中完全是怀疑论的一面，这不仅仅是显而易见了，而是它就表现为一个活生生的巨大的存在！难以用对我的审判来描述这种状况。这是一种无效和疏离的感觉，我觉得是真实的，因为这些感觉一直在我内心萦绕着。你在哪里站起来说话？为了什么，又是为了谁？你的经验有多深刻？你要说的东西有多大意义？"[2]

这是他43年后的说法。这可能与他当时所思有关系，也可能没有关系。但似乎很清楚的是，在此，科恩认为这个陌生国家是他的"神话之家"的观点令人迷惑。他们之间这种关系既强大又脆弱，就像和一个你并不真正了解的人相爱。

第二年科恩回到了这里，这次是独自一人，没有人盼着他，也没有演唱会可开,而且恐慌正笼罩着这个国家。科恩离开了旅店,离开了海滩,前往一家他记忆中的咖啡馆,希望能找到某个女人。在他手稿的这一节点上,事件的节奏加快了,迫使他迈出了熟识的、经常脏兮兮的内心景观的轮廓。他放弃了精心设计叙事,转而开始列举。

1. 我换了衣服。
2. 我沿着弗里斯曼海滩走到皮诺蒂咖啡馆(Café Pinoti),在那里我想找罗谢尔(Rochel)。[3]
3. 我回了旅店,洗了衬衫,在阳台找了个地方把它挂起来,这样它就不会碰到脏兮兮的墙。
4. 我强迫自己看了一会儿海,试图说服自己这么做是有好处的。
5. 我上床睡觉,因为有蚊子,睡得很不好。
6. 天亮了,我很高兴。
7. 我去了皮诺蒂咖啡馆,找罗谢尔。我决定不再找她了。
8. 我坐车去了赫兹利亚的海滩。待在水里很开心。我向自己保证,要对自己忠诚。我决定找个小屋子,自己住在这个海滩上,谁都不告诉。
9. 我回到了旅店。洗完澡换好衣服后,我沿着弗里斯曼海滩走到空荡荡的皮诺蒂咖啡馆,在黑漆漆的街道上来回走动,找罗谢尔。

10. 我在房间里喷了药，然后就睡了。

11. 我醒了，钻进了阳光下。现在去找罗谢尔还太早。我去了皮诺蒂咖啡馆喝咖啡，看《先驱论坛报》（*Herald Tribune*）。有几个人似乎认出了我。

12. 我遇到了一位以色列歌手，伊拉娜·罗维纳（Ilana Rovina）。她刚从西奈半岛回来。她当晚在一个空军基地唱歌，第二天她和另外三个艺人要回西奈半岛。我要加入他们吗？

第七章 再次启程

他要找的女人是拉谢尔·泰里（Rachel Teri），她是个美丽的排球运动员，也是一名空姐，来自一个也门家庭。前一年，他们在特拉维夫附近的一个聚会上认识了彼此。多年后，她告诉记者，有人说莱昂纳德·科恩会来，但她不知道这是谁。她回忆说："他的经纪人突然走到我面前，说莱昂纳德想见我。我说：'你在开玩笑吗？'和我一起来的朋友说：'去吧，有什么大不了的。'于是我和经纪人一起去，他把我带到一个小房间。莱昂纳德就坐在地板上。那里有一把椅子，他邀请我坐那儿。然后他说：'我只是想让你告诉我，是或否。'这就是那次的情况。"[1]

她回答了"是"，以色列的小报拍到了几次他们在一起的场景，小报对科恩和他在这儿认识的人很感兴趣。在那段时间，美国名人偶尔也会现身于此。迪伦在同一时段悄悄地来过这里，而莱昂纳德·伯恩斯坦（Leonard Bernstein）带着一个电影摄制组，来得就不那么悄无声息。特拉维夫是个落后地区，什么国际明星来都会引起关注。

科恩那天没有找到拉谢尔。但他在皮纳提咖啡馆坐着的时候很有可能被人认出来。接下来发生的事情存在好几个版本。在科恩的叙述中，核心人物是歌手伊拉娜·罗维纳，30年前，以色列最伟大的女演员之一和最伟大的诗人之一之间曾有过一段丑闻，罗维纳就是他们的孩子。[2]科恩的手稿中没有提到咖啡馆里的其他人，除了她，但当时她和民谣歌手奥什克·列维（Oshik Levi）在一起，蓬头垢面的奥什克正处于名声鼎盛时期。第三次中东战争之后，西方正因其自身复杂而罪恶的原因短暂地爱上了以色列人，奥什克曾作为以色列民俗音乐剧的成员，在欧洲和美国座无虚席的音乐大厅里巡回演出。在巴黎，所有的要人都来了——伊夫·蒙当（Yves Montand）、查尔·阿兹纳弗（Charles Aznavour）、塞吉·甘斯布（Serge Gainsbourg）。奥什克把语言切换到英语，跟我说："在那个时候，我们是'以色列英雄'。"[3]他得以用这种方式见了世面。奥什克在以色列长大，那里掌权的领导者禁止"披头士"乐队来访，因为这个乐队可能会带坏年轻人。多年以来，人们只有调到约旦的拉姆安拉电台（Radio Ramallah），才能听到摇滚乐。所以"以色列英雄"在巡演中唱古老的民间音乐，但他们自己连做梦也不会再想听这些音乐了。他演出完就去看吉米·亨德里克斯或"滚石"乐队。他也知道谁是莱昂纳德·科恩。

　　罗维纳这样描述了咖啡馆相遇——奥什克转过身来对她说："独自坐在那边的那个人，看起来像莱昂纳德·科恩。"

　　"想得美。"她回答。

奥什克说："不开玩笑，真是莱昂纳德·科恩。"为了证明她是错的，奥什克走了过去。

"我们邀请他和我们坐一起，"罗维纳回忆说，"我们说，我们是歌手，并问他在以色列做什么。他说：'我听说这里在打仗，所以我来志愿参加基布兹的收割工作，这样就能空出些人手去战斗。'我们告诉他现在不是收获的季节，建议他来和我们一起搞演唱会。他说他是一个和平主义者。"罗维纳可能误解了科恩这样描述自己的意思，或者她用这个词更多地是为了表达科恩对暴力的排斥。科恩从未称自己是和平主义者。无论如何，罗维纳向他保证："我们不会去战斗的，只演奏音乐。"

在罗维纳的记忆中，在座的还有两人。一位是马蒂·卡斯皮（Matti Caspi），一个内向的天才，现在是以色列顶级的音乐家之一，但他当时才23岁，刚崭露头角。另一位是普皮克·阿尔农（Pupik Arnon），一名喜剧演员，偶尔也唱唱歌，他的真名是莫迪凯（Mordechai）。高中时他很矮小，绰号"普皮克"，意思是"肚脐"。普皮克参演了一些当时最流行的以色列电影。据他自己说，他总是处于嗑药后的兴奋状态。我遇到他时，他是一名极端正统的拉比。普皮克不记得与科恩的第一次会面是在咖啡馆里，他认为自己和马蒂·卡斯皮是在之后才加入的。[4]

在奥什克的记忆中，科恩是一个人在咖啡馆里的。他回忆说，顾客喝着咖啡，吃着羊角面包，尽管距此几小时车程的地方就有士兵正在垂死挣扎。特拉维夫总是个肥皂泡。作战士兵鄙视这座城市,现在也是如此,但同时他们也梦想着能回到这里。奥什克记得自己走过去自我介绍。科恩说:"我听说你们有麻烦了,所以我来基布兹工作。"

"我让他一起来演奏,"奥什克回忆说,"科恩的回答是:'你看,我的歌都很忧郁,《电线上的鸟》(*Bird on the Wire*)之类的,我会把他们弄得很郁闷。'我说:'没事,你来就好了。'"

不管在咖啡馆见面的具体情况是什么,科恩在那里加入了自1948年独立战争以来一直跟随以色列军队的即兴乐团。当战斗开始时,这个国家的歌会出现在战场上——人们认为,要成为成功的音乐家,这必不可少,这是你为自己不亲自打仗而付出的一种代价。艺术、艺术家和军队都是混在一起的。一些歌手曾是参加战斗的士兵。许多人,如奥什克和普皮克,是在深受士兵和平民喜爱的劳军娱乐团里成长起来的。部队乐团为以色列创作了许多欢快的、有内容的、大量使用手风琴的配乐,直到1973年,战争扼杀了这种音乐类型,也扼杀了手风琴。[5]

以色列这种军事和音乐混合的典型例子之一发生在1948年战争的高峰期,当时特拉维夫的一位作曲家为一首名为《最后的战斗》(*The Last Battle*)的歌谱了曲子。[6] 词的作者是一位诗人,他本人也在战争中为军队服役。歌手肖莎娜·达马里(Shoshana Damari)在哩啦啰剧团(Li-La-Lo theater company)的两次演出之间学会了这首曲子,在第二次演出结束之后,有人跑过来气喘吁吁地告诉她,有一群士兵正要离开，去内盖夫沙漠（Negev Desert）与埃及侵略军作战。他们正在附近的一家咖啡馆吃临行前的最后一顿饭。她能为他们唱歌吗？她跑到咖啡馆，演唱了这首新歌，其歌词可能在预言死亡，也可能在祈求和平。"谁知道，姐妹，我们会不会回到你身边？也许此次战斗是最后一次……"士兵们正向恶名远扬的费卢杰口袋（Fallujah Pocket）地区进发，对他们中的7个人来说，这就是最后一场战斗。

当科恩在咖啡馆与新朋友相遇时，几十名音乐家已经乘坐直升机、"大力神"（Hercules）运输机、旧巴士，或开着私家车向前线进发了。奥什克开着自己的福特"猎鹰"。科恩同意一起去，但他提到自己没有带吉他。

这个古怪的细节引出了一个问题：科恩究竟觉得自己会在以色列做什么？如果他没带吉他，那么他似乎并不打算表演音乐。他应该不知道以色列随军音乐家的传统。而在当时，正如他在公开言论中所透露的，他已经对自己的歌曲感到绝望，说他要隐退了。他想"闭嘴"了。这可能就是他空手而来，并且谁都没有告诉的原因。他没有以艺术家莱昂纳德·科恩的身份前往以色列。他可能已经对他自己是谁产生了动摇。

科恩关于战争的手稿往往会引出更多的疑问，而不是给出更多的回答。他不愿意直截了当地解释自己的所思所想。手稿中有一句话是"阻止埃及的子弹"，这听起来很英勇，多年来，人们发现过一些迹象，认为他的意思是要战斗。这种说法很荒谬。科恩还没有愚蠢到觉得自己能上战场，扛着枪，去挡子弹。如果说他有一个真实存在的计划，那么事实理应是音乐家们听到的他在咖啡馆里说的，即他认为自己会在基布兹工作。1967年的战争中，许多西方志愿者都是来干这个的，他们来以色列替代被征召上前线的工人。

"他到底为什么来"这一问题和"他以为自己会做什么"不一样，也更有意义。在此，科恩没有给我们提供什么线索。但有一个重要线索藏在他对在酒店遇见阿利斯一事的描述中，当时他在8号房，阿利斯在门外。内心的声音对他说："只有放弃淫乱，你才能再次歌唱。"他说："选吧。这是个可以让你重新开始的地方。"这种动机似乎更加真实，因为它不是一种用号角吹嘘宣扬的对意图的声明，而是作为故事中有关其他事的旁白出现，而故事本身是关于其他事物的。科恩希望自己有办法走出死胡同。我们知道，他在1973年并没有真正放弃。他在寻找一种重新歌唱的方式，而且可能一直在寻求他所说的"纵向成就"（vertical seizure），一种启示，就像以色列人很久以前在西奈所经历的。他认为，这里就是启示可能出现的地方。

音乐家们离开咖啡馆后，其中一位给一名空军军官打了个电话。空军正在以令人瞠目的速度损失飞机和飞行员，并且对公众隐瞒了具体数字，但空军的某个人仍然有时间给莱昂纳德·科恩弄了把吉他。艺术家们都不知道情况究竟有多糟，也不知道他们自己正陷入何种境地。科恩爬上了福特"猎鹰"，去与战争相遇。

第八章　谁沉溺于水

天上的飞机实在太多了，多到让一位飞行员想起了第二次世界大战中盟军的大规模空袭。第一波是"天鹰"（Skyhawk）。它们飞过以色列北部干燥的山丘，飞过基尼烈湖的蓝色椭圆形区域，进入戈兰高地上空的死亡地带。

从地面上看，飞机是在头顶上飞过的金属小三角，是坦克上飞掠的阴影。在"天鹰"攻击机上，能看到的是表盘、按钮、灯光、瞄准器的十字准星和氧气管。这架飞机有一个丑陋而高效的美国驾驶舱，不像空军以前驾驶的法国机器。在法国飞机里，人被抬到机身的高处，能看到机翼在身后优雅地展开。飞行员们仍然喜欢用法语来描述飞机部件，比如他们把油箱叫作"罐头"（bidonne）。有一种说法，说这个国家的歌曲与它的武器的来源总是同一个地方。这个说法我是从1973年的"鬼怪"战斗机领航员奥弗·加维什（Ofer Gavish）那里听到的，他后来成了以色列音乐历史的活宝库。[1]所以在建国时，以色列的武器主要来自捷克斯洛伐克，鼓舞人心的事物来自共产主义世界，而歌曲则来自苏联。空军开始驾驶"幻影"（Mirage）战斗机和

"神秘"（Mystère）战斗机的时候，以色列的歌手和艺术家们都往巴黎跑，带回了皮雅芙（Piaf）[*]、穆斯塔基（Moustaki）[**]以及翻唱的香颂。然后到了60年代末，法国人选择了阿拉伯人而非犹太人，武器开始从美国进口，摇滚乐也一起进来了。

在战斗机的下方，戈兰高地的陡坡上布满了黑点，那是进入以色列领土的叙利亚坦克，它们基本上无人能挡。地面战争与空中战争分属不同的世界，但从地面战场上升起的黑烟到达了飞行员工作的高空，让飞行员的整片视野变得黑暗。

在下方，从战斗的最初几个小时开始，军事指挥上犯了多大的错就很明显了。整个部队都消失了。在空中，飞行员们的傲慢已经被打击得出现了裂缝，但还没有彻底破碎。穿着绿色飞行服的超级英雄们这次本应该会赢，就像他们6年前赢了那场战争一样。但这是一场全新的战争，敌人有苏联支援的新导弹，也就是汤姆·沃尔夫（Tom Wolfe）写北越空战时所描述的那些导弹。他写道，防空导弹就像"会飞的电线杆"，以6枚到8枚为一组向人冲过来，你若想跑，它会掉头跟着你。"防空导弹上来了，小伙子们就下去了。"[2]

战争第二天上午的飞行是一个精心安排的计划，被称为"5号样板"（Model 5），其目的是摧毁戈兰高地的叙利亚导弹炮台，这样，以色列的喷气机就可以自由地帮助那些正在高地上呼叫空中支

---

[*] 艾迪特·皮雅芙（Édith Piaf），法国著名且受众人爱戴的女歌手之一。
[**] 乔治斯·穆斯塔基（Georges Moustaki），埃及裔法国创作歌手，以其歌曲的诗意节奏而闻名。

援的步兵和坦克手。一些飞机从以色列北部的拉马特戴维（Ramat David）空军基地起飞。即使飞机带的弹药多，速度慢，离戈兰高地的战场也只有7分钟航程。后来成为音乐历史学家的"鬼怪"战斗机领航员奥弗也在基地，但那时他的经验还太少，无法执行真正的飞行任务。他当年21岁，离开飞行学校只有几个月。那天他正在为飞行员准备地图，并在操作室周围闲逛，听收音机。

前一天，他还在基布兹的家里过赎罪日。在那些日子里，许多基布兹运动中的公开无神论者用烤肉来纪念禁食日，甚至用烤猪肉，他们以这种方式来庆祝摆脱上帝和犹太人的命运。这种做法快要改变了，许多事情都要变了，因为战争会清楚地表明：没有人是自由的。中队打来电话，奥弗赶回了基地，首先看到的就是一名经验丰富的领航员，那是一个虔诚的戴着犹太圆帽的犹太人，正向中队的厨师要一块大牛排。[3]这名领航员在战争中第一次执行绝望的任务时还在禁食，差点晕倒在空中。这个虔诚的犹太人在赎罪日要求吃牛排，奥弗才开始发现情况糟糕到什么程度了。最后，戴着犹太圆帽的领航员没能熬过这一周。

第二天上午11点，根据"5号样板"，飞机被派往叙利亚前线，试图扭转局势。奥弗只能从基地收听战况。起初，无线电一片寂静，很难想象空中的情况。他的一些刚从飞行学校毕业的朋友们兴致勃勃地游说指挥官，希望能进入飞行名单，但奥弗却为能在地面工作而松了一口气。他并不想死在飞机上，一点儿也不想。如果你今天见到他，不可能相信他曾和战斗机有什么关系。他是一位小精灵般的老爷爷，带着一把木吉他在以色列各地旅游。

不久，他所在中队的"鬼怪"战斗机机群在一位名叫亨金（Henkin）的飞行员的引领下起飞了。他们低空飞行以避开敌人的雷达，随后急速爬升，又转而向下朝炮台俯冲。这一切都是经过计算的，精确到英尺，精确到秒，精确到爬升和俯冲的角度，依据的是精确显示炮台位置的航拍照片。但叙利亚人并不傻，一夜之间他们就全都搬走了。亨金是一位前途无量的飞行员，他们这样说。在他身后的座位上是名叫列维（Levi）的领航员。当亨金搞清楚他的目标没在那儿时，他们已经进入了俯冲状态，发动机发出呜呜声，飞机也在摇晃。他调整了一下，但当下俯冲的角度比计划的要陡，太陡了，至少其他飞行员是这么觉得的。没有人知道当时的真实情况。

中队指挥官要求飞行员报告结果，此时奥弗在控制室。有人说："1号进入了目标的旁边。"

指挥官说："1号去了靠近目标的地方进行攻击？"

"不，"那个声音说，"他去了目标旁边的地面。"指挥官并不想弄懂他所听到的内容。

飞行员们似乎对中间休息的时候印象更深。机组人员休息室是男人的天堂，有扶手椅、威士忌、唱片机，还有崇拜和同情你的女兵。那里有厨师——从酒店和游轮上被叫来为你做饭的预备役人员，还有在乒乓球桌上工作的专业按摩师。然后命令到了，你跑到停机坪上,爬上梯子进入驾驶舱,汗流浃背地戴上头盔穿上制服。几分钟内,你就会在空中滑过"电线杆"和白色的炮弹墙,你的朋友们会被炸成碎片,或跳伞到埃及的田野上,被村民用干草叉叉住,受尽折磨。如果你成功了,起飞后30分钟,你就能回到乒乓球桌上,被涂上按摩油。然后就是享受黑色幽默、扑克和全国最好的乐队。乐队在战争开始后就出现在基地了,有一个叫"蜂巢"(Beehive)的新潮乐队;一个叫"巧克力、薄荷和口香糖"(Chocolate, Mint & Gum)的三人女子乐队,其中包括雅丹娜·阿拉齐(Yardena Arazi),她有"以色列最漂亮的女人"的称号。然后你沉溺于此,再受召出去。有个飞行员把这个过程比作"加热再冷却一块金属,一天来回三次"。[5]

当然了,照片中每个人都在笑。他们都很年轻,不慌不忙,胸毛从拉链拉开的飞行服中露出,小胡子和鬓角出现在年长一点的预备役军人身上,他们还有"犀牛"或"野牛"这样的绰号。他们看起来不像风格整齐划一的美国空军,而更像是清水乐团(Creedence Clearwater Revival)[*]。在巨大的心理压力下,拉马特戴维空军基地俨然一个奇怪的小世界。整场"演出"由一位被大家称为佐里克(Zorik)的军官主持。[6]他是基地指挥官,一位精瘦的上校,各种飞机都会开。他的领导风格更是风度翩翩,而不会令人生畏。

---

[*] 清水乐团全名为克里登斯清水复兴合唱团,是美国的一个摇滚乐团,活跃于20世纪60年代末到70年代初。

第一周的一个晚上，一位名叫莫莫（Momo）的"天鹰"飞行员正在基地睡觉。[7]他是奥弗在飞行学校的同班同学，所以他也因经验太少而没法去战斗。一个有经验的飞行员从平民生活中被召回来，他叫迪亚曼特（Diamant），25岁，正在大学学习，还和他父亲一起从事建筑工作，有一个年幼的儿子和一个女儿。迪亚曼特正在他的宿舍里穿衣服，一枚叙利亚导弹落到他旁边，把他炸死了。莫莫听到了爆炸声，慌忙跑到床底下。但很快他就意识到躲在床底下没什么用，所以他又爬了出来。几小时后，莫莫有了飞行的机会。

黎明前，他和另外两个人在简报室里，正准备轰炸苏伊士运河北端的塞得（Said）港。机群中驾驶1号机的是维兰（Vilan），他是该中队最有经验的人之一。[8]年轻的莫莫驾驶的是3号机。他惊奇地发现2号机的飞行员是佐里克上校本人。佐里克上校从战争开始以来几乎就没有睡过觉，但他知道他的部下都很紧张，于是坚持要执行当天的第一个任务来提振士气。

莫莫爬上了"天鹰"的梯子，溜了进去。机舱盖关闭。他在黑暗中跟随两位年长的飞行员沿着海岸线向埃及方向直线飞行，紧贴地面以避开导弹。天一亮，他就飞到了西奈半岛上空，接近地中海岸边的一个潟湖，那里不知为何变成了粉红色。他飞得更近了。火烈鸟正在迁徙，黎明时分，成千上万只火烈鸟在水面上休息。

三架飞机转向内陆地区。新手飞行员莫莫看到西奈半岛北部的道路上停满了以色列车辆，其中一些车辆陷在沙地里。飞行员们滑过潟湖，飞机在塞得港两英里外拉升以进行攻击。他们在空中排好队，先是维兰，然后是佐里克上校，再是开着3号机的莫莫。3号机位最糟糕，因为前两架飞机还可能会让埃及炮手措手不及。但等莫莫出现的时候，炮手肯定已经在等着他了。

维兰的飞机火箭般冲上天空，扔下炸弹。炮手们还在睡觉。接着是佐里克上校。现在莫莫看到一排排炮弹从塞得港飞起，成千上万颗子弹从沙地上的步兵那里向他射来，他看不到那些人，只看到他们在昏暗的灯光下的痕迹。他正飞向一团白色的炮弹烟雾，他只能选择无视，其他什么也做不了。他集中精力在拉升点、爬升的角度和速度、将他的身体往座椅上推的力量、炸弹释放的轻微震动——他就这样脱身了。他看到轻武器的闪光，那是从被围困的以色列前哨"布达佩斯"旁的礁石上发出的。附近的每一个埃及步兵都在向他射击，但他不记得自己有多害怕，只记得气愤。他说："我很愤怒，因为他们要杀我。什么玩意竟然要杀我！"他俯冲，用机枪向他们扫射，然后拉升回来再扫射一次。直到打完所有子弹，他才听到1号机在无线电中尖叫着"拉升！拉升！"

莫莫抬起头，向海面看去。他看到了正在执行鼓舞士气任务的佐里克上校的飞机。他驾驶的飞机在地中海的表面滑行，掠过水面。没人知道发生了什么，佐里克也没有在无线电中说过一句话，他只是消失在海面上的一圈白色泡沫中，再也找不到了。乐队在空军基地演奏音乐是为了那些人，那些对这样的画面仍记忆犹新的人。

第九章　御敌之盾

军队似乎并没有记录下科恩在战争中的演出，科恩本人也没有写下详细的日记，因此很难确定演唱会的确切日期。我们有未注明日期的照片，还有科恩用记要点的方式记录的事件列表，以及那些在战斗中或"早"或"晚"看到他的人的记忆。我们虽然知道开了演唱会，但很难弄清楚演唱会的具体时间。不过，我们可以梳理出来一个大致的顺序。因为奥什克的对接人就在空军中，所以这个临时乐队从空军基地开始演唱，演出从远离前线的哈佐尔（Hatzor）机场开始，距离特拉维夫只有一两个小时的车程。

新手领航员奥弗和新手飞行员莫莫，刚刚在北部空军基地拉马特戴维失去了他们的指挥官。他们在其他基地有个朋友，叫摩西（Moshe），但大家都用一个女孩名叫他——肖西（Shoshi）。[1]他驾驶的是一架"超神秘"（Super Mystère）战斗机，那是一架即将退役的法国老飞机。它没有雷达，投弹瞄准器只是一个在玻璃上投射出的简单十字。邻近的一个"鬼怪"战斗机中队，即第201中队，是战争中所有中队里损失最严重的，并且失踪的飞行员数量一直在增加。肖西看到了在空中爆炸的防空导弹。他已经听说，他在基布兹的两个孩子死在了自己的坦克里。

在苏伊士上空的一次任务中，他的一个名叫哈盖（Hagai）、想当艺术家的朋友，在2万英尺的高空巡逻。当肖西俯冲轰炸埃及人时，哈盖留意着从沙漠地面上升起来的防空导弹。这是飞行员们为了弥补他们的老式飞机缺乏预警系统而开发的一种战术。肖西向一座埃及舟桥俯冲投放炸弹，有人在无线电中说"3号被击中"时，他已经拉升起来。3号就是哈盖。没有飞机残骸，什么都没有。他就这样消失了。

几分钟过去了，也许更短，很难记得住。当肖西还在努力去理解一个他熟悉的人怎么会在一瞬间消失时，紧急频率上传来了一个断断续续的声音。那是哈盖，他死而复生，用他飞行服上的便携式收音机说话。他带着降落伞在2万英尺的高空飘浮着，他在飞机的上空，在沙漠和运河的上空，像上帝一样俯视着整场战争。这是一个见证奇迹的时刻。

由于这种老式法国飞机在夜间有很多事情不能做，当黑夜降临时，飞行员就在地面上消磨时间，这就是肖西正在做的事情，然后有人突然出现，说莱昂纳德·科恩就在基地的电影院里。这就像说外星人登陆一样荒谬。莱昂纳德·科恩上这儿干什么？

肖西听过科恩的歌，因为在以色列南部的基布兹，他和他的朋友们经常用音响放这些歌，如《苏珊》《电线上的鸟》。他们会听着歌在草地上休息。为了搞些浪漫的事,肖西也给女孩们放这些歌曲。但这些歌都是从世界各地的电台传来的,并不是出自这里。他和一个朋友走进电影院,发现里面挤满了几百个来自基地的空军和地面人员。科恩真的在那里。他已经在唱歌了。

这第一场音乐会是奥什克记忆最深的一场。奥什克在开场时演唱了自己的成名曲,所有的士兵都从收音机里听过这首歌曲。然后他和普皮克一起表演了几个喜剧小品。从普皮克在这段时间录制的一个小品来看,这些小品的内容大多是滑稽的声音、方言和军队笑话。在录音中,普皮克扮演一名高级军官,惊讶于一个站岗的新兵竟然这么蠢笨。拿着步枪的新兵说:"他们说保持警惕——我怎么知道如何保持警惕?我都不知道怎么用这个东西,离合器在哪里?"普皮克严厉地询问:"你是巡逻队的吗?"新兵说:"不,长官,我是摩西*。"[2]之后,年轻的马蒂·卡斯皮起身弹奏他的歌曲,带着哭腔又半含着笑,用卷发下呆滞的眼神盯着人群。然后莱昂纳德·科恩出场了。"观众都疯了,"奥什克说,"他们都难以置信。"

马蒂·卡斯皮用吉他为科恩伴奏,科恩那颇具迷惑性的简单和弦与卡斯皮更华丽的风格之间存在着张力。当卡斯皮开始用自己

---

* 此处的"摩西"指摩西·达杨(Moshe Dayan,1915—1981),以色列著名军事家,前国防部部长,因在第二次世界大战期间参加英军并失去左眼,人称独眼将军。

的方式阐述科恩的歌时,科恩做了一个惊讶的鬼脸,观众都笑了起来。演出结束后,一位空军文化官员走过来,恳求他们为那些没能进场的士兵再表演一次。

在第二场演出前的中场休息,哈佐尔空军基地被写进了音乐史。那是战争巡演的第一天,科恩写了一首歌,[3]他随身携带的笔记本能为此做证。那是一个橙色的笔记本,封底上涂鸦了三把老式钥匙。[4]里面有潦草的字迹、未成形的想法,以及一些歌曲和诗的草稿。第一页写着:

伊兹拉　1973年10月
完全破产多好啊

然后下一页写着:

特拉维夫
是什么人在说话
从海底的毛皮上

然后是一首完整的诗(如果你了解科恩的作品,你的呼吸就会急促起来,因为你正在见证杰作的诞生)。

> 我问我的父亲，我问
>
> 向他再要个名字
>
> 我说，我的名字已被恐惧和耻辱弄脏了

这是《爱人爱人爱人》（*Lover Lover Lover*）的早期版本，这首歌出自科恩在战后发行的专辑。几十年后，他仍会在演唱会上演奏这首歌。

考虑到听众、艺术家、演唱会的时机，这一节诗的主题就会显得很有趣。电影院里的许多以色列人都换了名字，把能让人联系到犹太人大流散的犹太名字换成了新的希伯来语名字。例如，马蒂·卡斯皮的父亲选择了这个希伯来姓氏来取代他从塞尔维亚带来的姓氏阿根特罗（Argentero）。"天鹰"飞行员莫莫（Momo）的大名其实是什洛莫（Shlomo），他将自己的姓氏从扎尔茨曼（Zaltzman）改为利兰（Liran）。总理果尔达·梅厄（Golda Meir），以前叫果尔达·迈耶森（Golda Meyerson）。不仅仅是以色列人，很多犹太人都在努力逃避着像莱昂纳德·科恩这样的名字。伊苏尔·达尼洛维奇（Issur Danielovitch）变成了柯克·道格拉斯（Kirk Douglas）[*]。罗伯特·齐默尔曼（Robert Zimmerman）变成了鲍勃·迪伦。

---

[*] 美国著名影星，父母是从俄国移民美国的犹太农民。

科恩在空军基地的第二场演出中介绍了《爱人爱人爱人》这首歌曲,站在舞台旁聆听的奥什克和在这首歌的第一次演出中弹奏吉他的马蒂·卡斯皮对此都有印象。卡斯皮记得科恩在巡演期间仍在创作这首歌,并随着乐队在战争中的表演进程对其进行微调。部分演变在笔记本中可见,其中并非所有的词句都与最终版本相似。最显著的差异是一句歌词,它比其他词句更能让以色列观众眼前一亮,但它后来完全消失了。但是初稿中的一些词句,如这一节,与我们已知的版本很接近:

他说,我给你这个身体是为了试炼
你可以用它
作为武器
也可以
让女人微笑

如果这些歌词是与特定听众的对话,即参与战争的以色列飞行员和士兵,你可能会在这句话中体会到审判:上帝在考验人类,看他们会做什么选择,会选择战争还是爱情。观众参与了前者,而科恩则参与了后者。当然,观众实际上别无选择,就像科恩所了解的那样。而更能说得通的是,科恩的意思是这两种用处在不同时期都有可能发挥出来。在任何情况下,飞行员们将要起飞面对防空导弹时,歌手都会祝他们好运,而在随后的版本中,这首歌成为某种护身符。

    愿这首歌的精神

    愿它升起纯洁和自由

    愿它成为你的盾牌

    用以御敌的盾牌

科恩真的觉得一首歌能保护这些年轻人吗?他在关于战争的手稿中也提到了和歌曲同样的想法。"我对自己说,也许我可以用这首歌保护一些人。"他写道。也许他认为,如果一个人的精神在关键时刻通过深刻的智慧、一个祝福、一封情书、一首歌而在战斗中得到强化,那他就会知道什么时候应该俯冲、转向,或扣动扳机。在印度教传统中,勇士阿周那(Arjuna)的故事体现了类似的观点。但这段歌词还有一种更简单的解释,与科恩自己的成长经历有关。在犹太教中,祭司(科恩的职责之一)要站在会众面前,呼唤神的庇佑:"愿上帝保佑并保护你们。"召唤盾牌就是科恩的工作。[5]

笔记本草稿中没有副歌"爱人爱人爱人爱人爱人爱人爱人回到我身边"。事实上,这段副歌和上文的词句之间的联系并不清楚。也许在这里"爱人"这个词的意义与《雅歌》(Song of Songs)相关,在《雅歌》中上帝的存在是用情欲之爱来描述的。士兵们迫切需要上帝的存在。也许这只是一首传统的战歌，表达了对远方某人的渴望，就像康斯坦丁·西蒙诺夫（Konstantin Simonov）的《等着我》（*Wait for Me*）一样，这是二战时最受前线苏联红军欢迎的诗歌。每一节的开头都是"等着我，我会回来的"。科恩的母亲玛莎以俄语为母语，也许在科恩的童年即世界大战的年代，母亲曾给他唱过这首诗的歌曲版本。这种情感，即"渴望"的情感，是最有可能引起士兵共鸣的，远远超过爱国主义、愤怒或绝望。研究人员在研究越战中美国大兵的音乐时发现，尽管战后的电影让人觉得士兵们在越南听的歌是政治性的，比如《不论如何》（*For What It's Worth*）和《幸运儿》（*Fortunate Son*）等歌曲，但实际上部队真正喜欢的是那些关于孤独和渴望的歌，如《乘喷气式飞机离开》（*Leaving on a Jet Plane*）。[6] 科恩的文字在不同的层面上发挥作用，就像最好的祷词一样。旋律起到了哈西德派拉比赋予音乐的作用，即让那些无法或不愿理解文字的人体会情意，甚至能表达出文所不达之意。

年轻的"超神秘"战斗机飞行员肖西，在他生命中最可怕也是最兴奋的日子里，穿着脏兮兮的飞行服姗姗来迟。他对《爱人爱人爱人》没有印象，也不记得科恩当晚演奏的其他曲目。他不知道自己是参加了第一场还是第二场演出。但他从未忘记在那里时的感觉。

当他和朋友挤进剧院时，空位只有科恩面前的地板了，这块地板在前排座位和低矮的舞台之间。科恩正在唱歌，所以他们尽可能悄悄地坐下来。但这位歌手注意到了他们。"他看到了我们，我看到他看到了我们。我们离他很近，也许因为有一点光，"肖西说，"我们是两个身穿飞行服的孩子。我记得他经常看向我们，至少我记得是这样的。我不知道他是否会记得这些。当时战争正处于关键时刻，我们的军队有损失。这首歌在跟我说着什么，这些旋律很熟悉。我们什么歌词都听不懂，但它穿透了我的心。"

在第二个空军基地，即北部的拉马特戴维基地，肖西的那些飞行学校的新手朋友们都还记得，一架飞机从前线摇摇晃晃地回来，浑身是洞。它在快要降落时炸毁了，零件散落在跑道上。一架残缺不全的"天鹰"战斗机从运河边一路飞回来，飞进跑道的范围内，后来飞行员放弃了，把自己弹射到空中，这架大飞机坠毁了，四散零落，几个地勤人员因此而死。南方哈佐尔基地的飞行员在电话里吹嘘，说他们刚刚看到了莱昂纳德·科恩。北部基地的飞行员们为前来为他们演出的以色列人感到骄傲——"蜂巢"乐队、"苍白追踪者三人组"（The Pale Tracker Trio）乐队、当地的一线明星，但论名气他们不能跟科恩相比。北部基地的人们对此很嫉妒。后来，他们执行了更多的飞行任务，死了更多的人，然后"鬼怪"战斗机领航员奥弗听到有人喊他穿过基地，到第110"天鹰"中队外面的草坪上。[7]科恩在这里。

奥弗到达草坪时，是其他人在演出。那不是科恩，也许是搞错了。他挤过人群，在靠近前排的位置停下，旁边是一个穿黑色毛衣的人。过了一会儿，他意识到这个人就是莱昂纳德·科恩，正等着唱歌。

这里没有舞台，只有摆在草地上的麦克风和一台以前养尊处优的小型扩音器。马蒂·卡斯皮穿着浅色休闲裤和格子衬衫，站在科恩旁边。

"他说要演唱《爱人爱人爱人》，并说这是一首新歌，"奥弗回忆道，"他会演奏一首新歌，我们很惊讶，我们以为他只会演奏那些名曲，但他说'我想给你们演奏一点新东西'。"站在马蒂·卡斯皮身后的人拍下了一张观众的照片。

圈中的人从左至右是阿莫斯，莫莫，奥弗。

奥弗的朋友阿莫斯（Amos）是一名"天鹰"飞行员，他永远不会忘记这场演出的氛围。[8]"在我的记忆中，这种经历是忘记一切，进入另一个世界，一个我们都没有在忙碌奔命的世界，没有死人，没有恐惧，"他说，"我把这件事当作我成长的关键事件——世界上最伟大的歌手在战争中来到这里，在所有的混乱中，给我们带来一丝平静，还带来一些其他事物的声音。"

在照片中，可以看到阿莫斯身穿条纹衬衫，坐在最左边。奥弗身穿浅色衬衫，双臂垂在膝盖上，坐在最前排。在他左后方的是莫莫，第一次执行任务时，他看到基地指挥官飞入海浪后消失了。此刻他仔细地看着表演者，半含着笑意。

第十章　兄弟

科恩的橙色笔记本中，《爱人爱人爱人》草稿的后面出现了八行诗句，以《空军基地》（*Air Base*）为题，从未发表。

空军基地
我来到沙漠
帮助我的兄弟们战斗
我知道他们没有错
我知道他们并不对
但骨头必须站直、行走
血液必须流动
人们正在圣地上
画出丑陋的线条

这是《爱人爱人爱人》中遗失的歌词。士兵们曾听过科恩唱这一段歌词，这段歌词也出现在战争期间一位以色列记者写的文章中，这位记者感动于此，所以他在文章中引用了这一段而非其他段落。[1]但从草稿内容来看，科恩几乎是立刻开始划清界限：在第二行，他划掉了"我的兄弟们"，改为"孩子们"。后来他直接抛弃了这段歌词，直到我在笔记本里发现它，这段歌词才重见天日。这几段歌词可能表达了科恩当时的真情实感，但已不能表达他在战争结束后重回人世的感受。也有可能这几行歌词贴合私底下的莱昂纳德·科恩，但不符合他艺术家的身份。

科恩一直纠结于"承诺"这个概念，并且这些想法在赎罪日战争期间似乎显得格外强烈。当时他快40岁了，已经做了父亲，刚刚经历了60年代漫长而奇异的旅行。在60年代，人们抛弃了旧的束缚和身份认同。但在39岁时，他有时突然会想，这些束缚和身份认同是否真的存在。如果答案不在村子里，也不在希腊小岛上，而是在天堂之门呢？婚姻究竟是一个古老的监狱，还是像科恩曾经说过的那样，它实际上是"当今最热的精神熔炉"，是唯一"无所不能"之处？[2]如果最后发现，犹太问题的解决方案不是拥抱普遍性，而是生活在一个小的部落国家，使用一种他人不会的语言呢？如果说，这些他从未见过的陌生士兵实际上是他的兄弟呢？我们知道，对于那些曾对他提出此种质问的人，科恩持怀疑态度。几年前他在《以撒的故事》中写道："倘若你现在称我为兄弟，请原谅我的诘问：只是这遵照谁的意愿？"

与科恩一起旅行的以色列音乐家们说，科恩要求他们用他的希伯来语名字以利以谢来称呼他。对以色列人来说，"莱昂纳德"即"leh-oh-narrrd"很难发音。以利以谢·科恩则是个很普通的名字，甚至能说满大街都是，而且军队里就有很多叫这个名字的人。有一个出了名的愣头青直升机飞行员叫以利以谢·科恩，他正指挥着西奈的一个空军基地；还有一个二等兵以利以谢·科恩，4年前在苏伊士湾附近被地雷炸死，年仅19岁；还有一个二等兵以利以谢·科恩，2年前被地雷炸死；1973年以色列开始反击之时，第一个穿越苏伊士运河的以色列人是以利以谢·科恩中尉。³"莱昂纳德"是一个外国人，"以利以谢"则是亲人。

科恩能感受到这群人的吸引力，但并不会任由吸引力摆布，即便他就是为了这吸引力而来的。大多数自我认同为左翼的艺术家并不会在战争中表演，因为这可能显得他们支持战争。人需要足够成熟才能够透过政治看到士兵的人性，在那个年代这并不容易，当时人们还称从越南回来的老兵为"杀婴者"。约翰尼·卡什和他的妻子琼·卡特（June Carter）在1969年去了越南，在一个叫隆平的空军基地待了几周，为前往丛林和乘坐医疗直升机回来的士兵们唱歌。卡什写道："我几乎忍受不了。"⁴1968年，尽管战争尽失民心，詹姆斯·布朗（James Brown）还是和几个乐队成员一起去越南演出了，就算此时种族仇恨正威胁着布朗，也威胁着美国自身。巡演就在马丁·路德·金被谋杀后开始。布朗首先在西贡附近的新山一机场演出，然后巡回演出了16天，每一站都演出两场，在演出间隙用静脉滴注补水。"我们没有像鲍勃·霍普（Bob Hope）*那样做，"布朗告诉一位采访者，"我们回到了那里，那里的蜥蜴都扛着枪！我们回到那里，那里正在上演'现代启示录'。"很多人都不喜欢战争。"嗯，我也不喜欢战争，"他说，"但那里有与我们心意相通的兄弟。"5

在科恩的手稿中，他誊写了阿舍的一封信，这个美国人和以色列妻子在去特拉维夫的飞机上遇到了科恩。在科恩的描述中，阿舍就像一个嬉皮士拉比，一种你会在70年代遇到的犹太人——他们是歌唱家拉比什洛莫·卡勒巴赫（Shlomo Carlebach）**的信徒，用《薄伽梵歌》或致幻剂来理解妥拉（Torah）。科恩的手稿中出现的英国画家安东尼劝他不要去以色列，若说手稿中安东尼代表着伊兹拉岛上波希米亚人的普遍声音，那么阿舍和他的妻子玛戈利特则代表着另一种声音。他们代表对犹太教、以色列和婚姻的忠诚。在科恩的脑海中，这三种羁绊似乎是联系在一起的，这就是为什么在他的手稿中，他在前往以色列时发誓要洁身自好，"除非遇到了真命天女"。

战后阿舍给科恩写的信送往了伊兹拉岛，这些信是他们在以色列的一次谈话的延续。阿舍写道，科恩身上有一些东西，"正开始

---

* 鲍勃·霍普，美国喜剧演员，曾多次进行劳军演出。
** 什洛莫·卡勒巴赫，宗教教师，精神领袖，作曲家和歌手，被称为"唱歌的拉比"。

呼唤着真实和实现"。阿舍指的是诗人科恩的祭司血统。他写道，科恩祖先的召唤被埋没在艺术家的虚假形象之下，这个艺术家被尘世的诱惑所束缚。"我们知道你是科恩祭司——上帝的旨意在利未的子孙的净化中起了神奇的作用——那么，"阿舍想知道，"你在外面干什么？"

科恩应该结婚的，阿舍想。管理古代耶路撒冷圣殿祭司的犹太法律规定，每个人都必须为自己和自己的"家宅"献上祭品。"家宅"不是说实际存在的房子，而是指一个妻子。阿舍在身体和灵魂上也面临着选择。"我内心一直在为应该听从哪一种声音而斗争，但我已经选择神，他已选择了我，没有其他选择——因为肉体都像草木一样。"

是时候让科恩回到部族，接受其职责了。"我们相信，若你愿意接受先知以利亚的披风，上帝的灵会降临在你身上，使你成为真正的科恩。但你必须像以利亚一样坚定地接受上帝的祝福。"他写道。

我们敦促你在主的时刻，回到现实的耶路撒冷和灵性的耶路撒冷，当主在他的圣城——我们中掌权时，灵性的耶路撒冷将在我们身上一起建立。

爱人，回到我身边，爱人，回到我身边*……
带着对一个如风一般的亲密兄弟的真切思念。

爱你的阿舍

原文中的星号在页面底部引出了科恩的解释:"这是我们在赫兹利亚的海滩上第二次见面时,我对他说的一句话的转述。"

与其他一些为部队演出的人不同,科恩不打算只在与战场保持安全距离的基地举办音乐会。他要去的地方是"蜥蜴都扛着枪"的地方。在科恩的《爱人爱人爱人》遗失的那一节歌词后,橙色笔记本中有一句他用大写字母抄写的古老的空军谚语,就是那种你可能在空军基地听到的话:

唯一能替代DC-3的是另一架DC-3

DC-3,即达科他(Dakota)运输机,负责将部队和装备送到西奈半岛的前线。手稿中描述了接下来发生的事情:"我们乘坐一架达科他飞往沙漠。"

第十一章　在沙漠

战事持续一周后，西奈半岛变成了野战医院、沙地临时机场。帐篷在螺旋桨的爆炸声中哗哗作响。离运河越近，被烧毁的车辆就越多，士兵们的眼神就越空洞。军方仍未向以色列公众披露战损程度，但在这里，情况很清楚。前哨站"码头"（Pier）自突袭以来一直在运河边坚守，此时也终于向埃及人投降了。我认识前哨站的一个人，他和其他人一起去了战俘营，回来后躯体还是完整的，但精神已经破碎。

有些曾在西奈半岛的士兵还记得那些在前线活动的音乐家小团体——穿着喇叭裤的身影在飞扬的尘土中现出轮廓，他们在飞驰的军用卡车后斗紧握着吉他，搭上直升飞机。一架"大力神"运输机上的一名领航员想起了雷菲迪姆（Refidim）空军基地的一个场景，在我们交谈时，他记起了这个片段。[1]这位领航员刚刚登陆，正要把伤员运下飞机。一位他以前见过的外科医生，哈鲁兹（Haruzi）医生，从手术室出来，他的白大衣上沾满了血，面无表情地挥动着双手。他刚失去了一个病人。附近有几位艺术家，长发，便装，其中一个人拿着吉他,他们等着有人把他们从这里带出去。

在靠近前线的地方着陆后,科恩和乐队分到了睡袋。他们有一个小型扩音器,需要用坦克或卡车的电池来供电。他们出发了,有时是集体行动,有时是单独行动。从科恩的小笔记本和打字稿来看,他应当不知道自己在哪儿。笔记本中除了耶路撒冷和特拉维夫之外,根本没有任何地名。部分原因是科恩是个外国人,不过他的以色列同伴们似乎也差不多,他们都不是作战士兵。远离他们的咖啡馆,一旦到了前线,这些人眼里就只有"沙漠"了。

巡演毫无组织。奥什克解释说:"任何一个白痴都能把你带走。"这些"白痴"是年轻的教育团*军官,他们的职责就是把歌手带到前线部队那边去。"我们不知道我们在哪里,也不知道这些人是谁。每天都有不同的教育团军官或者其他什么白痴过来,说:'我们有八个人刚刚被杀了,你们必须来。'嘿,我们要去哪里?为什么?但是,我能对他们说什么呢?他们把你带到卡车上,你就出发了。"

我花了很长时间,试图追溯演唱会的日期和地点,或者寻找那些协调演唱会的人,但当我说到"协调"(coordinated)这个词时,奥什克大笑起来。"这些孩子过来吵架,吵究竟谁能带我们走,"他说,"吵谁的死亡人数更多,谁的处境更艰难。"

---

* 以色列教育和青年团是以色列国防军人力指挥部负责教育以色列军队士兵和指挥官的部队。

那谁来决定去哪儿呢？

"他们会吵。"

而你会和吵赢的人一起去吗？

"你没法拒绝他们。你能将'不'说出口吗？"

观众并不总是兴致盎然。在后方召集疲惫无聊的士兵、机械师和厨师来听就行了，但许多作战部队根本没有心情听平民吉他弹唱——这些平民闻起来有女孩和特拉维夫的气味，也没心情看教育团官员——这些人并没有生命危险。士兵们宁愿没人来提醒他们外面还有正常生活，而他们自己已经被锁在正常生活之外，并且他们可能再也无法回去。"鼓舞士气"是平民才会有的想法。士兵们已经看到了世上那真实而可怕的事物，他们再也不会振作起来。

有时，士兵们会被迫听演唱会，或者因为过于疲惫而没法拒绝。在一个1973年的劳军娱乐团的纪录片里，几个十几岁的乐手为坐在地上的脏兮兮的士兵观众疯狂地鼓掌和唱歌，而士兵们双眼无神地盯着星空。如果你研究赎罪日战争，你会看到很多尸体，但这个画面比尸体还要可怕。这是战争中最可怕的画面之一。

他们深入前线的底层世界。如果在白天演出，喜剧演员普皮克会确保士兵们坐在背靠太阳的斜坡上，对表演者来说，太阳照到自己的眼睛比照到观众更好。当他们在天花板上挂着灯泡的地堡里表演时，他会在灯泡的一侧装一个鸡蛋盒，这样舞台就会被照亮，而观众则置身于黑暗中。普皮克还带了一个手提箱，不只是为了放衣服,也为了充当道具。他走到麦克风前,然后好像才发现自己太矮了,够不着。于是他冲下舞台,拿出他的手提箱,然后跳上去。这通常会引发一阵笑声。

在奥什克的记忆中,一场典型的音乐会是这样的:一名军官在晚上用卡车把他们带到沙漠里。前线已经很近了,但他不知道究竟有多近。他们在沙地上堆着的几门大炮旁停下,万物都处于彻底的黑暗之中。一群穿着肮脏的士兵聚在一起。普皮克用弹药箱搭建了一个舞台,把卡车的大灯当作聚光灯,然后他们开始唱歌。突然,一名炮兵军官彬彬有礼地说:"你能不能暂停一下?"然后喊道:"3号炮!"地面开始震动,空气都因炮弹发射的力量而颤动,所有人都被震聋了几秒钟。他们重新开始唱歌。

第十二章 茶与柑橘[*]

---

[*] 来自科恩歌曲《苏珊》歌词。

不是所有前线的人都认识科恩,但如果他们认识科恩,就是因为听过《苏珊》这首歌。科恩几乎在所有演出中都唱了这首歌。他在回忆中讲述了沙漠中的旅程:"我要杀了那个傲慢的以色列军官,他不停地烦我,让我唱《苏珊》。债已经还清了,正义已经得到伸张了。我不确定这是不是我编的。"[1]

在今天的以色列,科恩作为一位外国艺术家,其作品被翻唱和演绎的次数可能是最多的。科恩的歌每年都会有新的希伯来语版本,有些歌曲,如《爱人爱人爱人》,已经被翻唱过不止一次。当科恩现身于战争时,已经有了《苏珊》的希伯来语版本流传。那是一名叫吉迪·科伦(Gidi Koren)的创作者的作品,他是"兄弟姐妹"(The Brothers and the Sisters)乐队的创始人,乐队的名字是为了向"妈妈爸爸"(The Mamas and the Papas)乐队致敬。[2]吉迪喜欢《苏珊》。他从来没有听过这样的音乐,它对以色列人的耳朵来说是如此陌生。他的翻唱可能是科恩歌曲的第一个希伯来语版本,这个版本被演出过但从未被录制下来,最终被遗忘,只以一份文件的形式在吉迪的电脑中幸存下来。

"兄弟姐妹"乐队是一个很受欢迎的乐队,但那时,在以色列靠音乐无法谋生,而且这也不是吉迪所从事的实际工作。他刚从医学院毕业,在特拉维夫附近的一家医院当实习医生。他26岁,有一个小女儿和一个怀孕的妻子。赎罪日那天他正在值班,军队突然开始把工作人员从病房里拉出来。"音乐响起了",他指的是以色列危机警报的声音和韵律。

直升机开始在外面轰轰作响,很快,后勤人员带着穿破旧绿色制服的人冲进烧伤科,这些和他同龄的人被炸药炸得全身焦黑,大部分是三度烧伤。这种烧伤会穿透皮肤和肌肉,使生存概率大大降低。他们从苏伊士运河沿线的坦克上下来,中途经过了西奈半岛上不堪重负的野战医院。他做了力所能及之事——输液、注射吗啡、消毒。他们中的一些人能救过来,之后会长出新的皮肤,但还有很多人在到达时已经失去了生命。血液科的资深医生会过来,吉迪看着她站在床边决定何时关闭机器。

战况恶化,吉迪被派往外地帮忙。他乘坐运输机前往西奈半岛的一个大型空军基地,然后从陆路前往一所医院——其实就是一些帐篷、运输集装箱和一个移动手术室。当直升机载着更多躺在担架上的绿色身影降落时,沙子带起滚滚热浪。他不记得自己身处何处,只记得是"沙漠"。心情如你所想的那样黑暗,不仅仅是因为工作,还因为受伤的士兵带来了战争中最糟糕的消息——战斗出了错，整个部队被炸成灰了。他不记得那些个体的故事。他不想把这些个体看作有名字的人。这时他已经有了发小们的消息。利帕·米尔诺夫（Lipa Milnov）被杀，梅纳赫姆·西尔曼（Menachem Silman）也是，足球队的雅各布·索弗（Yakov Sofer）也是。越来越多的士兵进来了，他们因失血过多或服用吗啡而失去了意识。他像个机器人一样给人包扎，把人从一个帐篷搬到另一个帐篷。这时有人说莱昂纳德·科恩在外面。

这听起来很荒唐。但当吉迪走到阳光下，他就在那里，只有科恩，像其他士兵一样穿着军装。吉迪没敢和科恩搭话，也没说翻唱《苏珊》的事情。他不记得原因了。他并不认为科恩是难以接近的。莱昂纳德·科恩出现在这家野战医院的可能性如此之小，以至于他甚至不相信此事正在发生，就像他所见所做的其他事情一样。

科恩就站在离他几步远的地方，弹着吉他。医务人员、医生和护士穿着带血的工作服站在歌手的对面。一时间，没有直升机降落。手术刀搁在托盘上，帐篷里一片安静。科恩唱起了《苏珊》。

第十三章 无话可说

普皮克回忆说:"我们坐在一辆两厢的大众面包车上,带着作战口粮,沙漠无边无际。"[1]

在运河附近的一条路上,普皮克正坐在一辆卡车的后斗,颠簸在灰尘和噪声之中。他记得这次科恩没有和他在一起。一股烟尘在卡车前方升起,"好像有人踢了一脚沙子"。然后又一股烟尘升起。他们遭到了炮击,赶紧掉头往回开,最后在一个十字路口停下来,准备下车解手。此时几个士兵开着吉普车过来,对他们大喊,说埃及人专门盯着所有十字路口,于是他们又跳上卡车,在远离以色列前线的方向上疾驰。你必须要小心,但即使你万分小心也不一定有用。当时有个后起之秀,歌手罗曼·沙龙(Roman Sharon),23岁,非常帅气。他在雷菲迪姆基地演出完正要离开之时,一辆军用半挂车撞上了他的卡车,把他撞死了。

科恩没有要求什么特殊待遇。其他表演者抵达基地后,军方会有人直接把睡袋扔在基地小卖部或其他房间的地板上,但军方认为科恩可能适合不同的标准,就提出给他找一张真正的床。他说不行。他就睡在地板上,像其他人一样吃着作战口粮。这对以色列人来说意味深长。"我对他印象非常深刻,深刻到对他十分敬畏。我们并不像朋友那样交谈,"普皮克回忆说,"我试着打开一扇门来接近他,但他没有开门,或许只打开了一条缝。但他是一个散发着善意光环的人,有着不同寻常的人性。"

普皮克是特拉维夫波希米亚团体的成员,这个圈子以演员乌里·祖海尔(Uri Zohar)和歌手阿里克·爱因斯坦(Arik Einstein)为中心,两人都是富有领袖魅力的堕落者。建国一代的基布兹社会主义者抛弃了犹太传统,像普皮克这样的年轻人对社会主义、基布兹或其他什么意识形态都不感兴趣,他们的兴趣只剩下阳光和海滩,以及任何能引起他们冲动的事。赎罪日战争后,他们中的一些人认识到这些还不够,还需要一个生存的理由,于是他们逃离了空虚,回归旧时代的宗教。部分原因是战争的冲击,部分原因是整个西方世界开始感受到60年代狂欢后的宿醉,还有部分原因是他们年纪大了。最后,甚至连乌里·祖海尔本人也一头扎进了耶路撒冷的黑帽世界里——至今还在那里。普皮克是较早离开的人之一,战后就放弃了世俗生活,搁置了他那条艳丽的条纹喇叭裤。我在他位于耶路撒冷的小公寓里见到他时,他被称为莫迪凯·阿尔农拉比(Rabbi Mordechai Arnon)。在他因癌症去世之前,我们进行了长时间的交谈。他有一顶很大的黑色犹太圆帽和长长的灰色胡须,几乎无法透过这些胡须辨认出老照片上他那张古灵精怪的脸。

他记得科恩对犹太教感兴趣，也很了解。普皮克却对自己的文明所知甚少，以至于他"不算是一个犹太人"。他所知的是歌曲和聚会，是新以色列人摆脱了父母束缚和噩梦后的生活。他还知道大家都在抽强效大麻，而且他说他自己比大家抽得都要多。

在赎罪日，普皮克和他的父母一起回到他们位于一个杂乱的集体农庄中的家。普皮克在后文要说到的故事中发现了价值，将它详细地告诉了我。你可以在这个故事的某处听到历史的嘶哑笑声，只是遥不可及。莱昂纳德·科恩会明白这一点。

那时普皮克仍然对宗教没有兴趣，但他认为禁食是戒除烟瘾的好办法，因为在赎罪日也禁止吸烟。他对自己的生活不满意，想重新找回对生活的掌控，所以他来到了多年未造访过的犹太教堂。在《让我们述说力量》的祷告、著名的各种死法的罗列之后，在午间礼拜结束之后、诵读《约拿书》之前，他走上街散步，一个人向他走来。

这个人有50多岁。他用意第绪语（Yiddish）要了一支烟。这个喜剧演员来这里是为了戒烟，而这名男子却在赎罪日找烟！但普皮克想帮他的忙，于是他把那人带到他家中，下午的礼拜还没开始，他的父母正在休息，然后他父母给了这个人一包烟。那人把头缩在阳台的墙后面，这样从街上就看不到他了。他点上烟，吸了起来，还是用意第绪语说：我告诉你我为什么要在赎罪日吸烟。

那人说，世界大战爆发时，他才18岁，被征召到红军中作战。

要先拿什么东西？莫合烟（Mahorka），一袋袋要卷的烟草。那时他们坐在部队的火车上，唱着歌来保持昂扬的精神，他抽着烟，这时其他犹太士兵中的一个——一个正义的犹太人，突然敲打着墙壁，用意第绪语喊道：先生们！先生们！今天是赎罪日！这是一年中最神圣的一天，是禁食日，而这人却在去打仗的路上，用抽烟来唾弃上帝。

那人说，从那时起，他在赎罪日一定要抽烟。他走了，普皮克再也没有见到他。一小时后，警报声响起，战争开始了。

后来，这位喜剧演员找到信仰之时，才看到了赎罪日那天上帝对战争的干预。赎罪日与其他日子不同，一年中只有这一天以色列的道路完全是空旷的，这使得军队能够迅速部署。这是这场战争的第一个奇迹——众多奇迹中的第一个。"上帝正以令人难以置信的程度注视着我们，"时隔45年后我们交谈时，莫迪凯·阿尔农拉比这样说："你只用睁开眼。"

那时，他还没法和科恩谈论犹太教，但他确实知道一些关于占星术的事情，所以他们会讨论这个话题。以色列人会相互探讨音乐或哲学，或者用漫无边际的废话来自娱自乐，这与那几周的超现实生活是一致的。科恩有时会坐在沙漠里仰望星空。我们不知道这位歌手怎么看他与普皮克或其他以色列人的谈话，因为他在写作中没有提到他们。事实上，他根本没有提到任何一位和他一起旅行的音乐家。在科恩的叙述中，他是独自一人在那里的。

这可能与我问到马蒂·卡斯皮关于巡演的问题时，他所做的回答有关。在即兴乐队的4个以色列人中，卡斯皮是最有才华的，也是后来最成功的。他是一名本土偶像，就像科恩一样。在演出中为科恩伴奏的正是卡斯皮，在一张来自沙漠的照片中，我们能看到一个不寻常的科恩，他不是在演奏，而是在仔细听别人演奏，那个演奏者就是卡斯皮。我找到了卡斯皮的一些书面回忆，但在采访时他不愿多谈。"关于莱昂纳德·科恩，我没有什么可以补充的，"他回答说，"因为我们之间没有密切的联系，我可不想给不存在的事情添油加醋。"

　　与科恩在一起的以色列表演者本身就是一个有趣的团队，他们在一起创作了几首可圈可点的歌曲。民谣歌手奥什克，随身携带着希伯来诗人利娅·戈德堡（Leah Goldberg）的诗集。在西奈半岛的某地，他把书给了卡斯皮，卡斯皮选择了《一段时间》（*For Some Time*），这首诗的内容与战争并不相关，写的是一个女人的孤独。卡斯皮为这首诗谱了曲，奥什克在战后录制了这首歌，它至今仍很有名。卡斯皮还写了一首歌，这首歌表达了这样的意思：对战争唯一诚实的反应是什么都不说。《我们无话可说》（*We Have No Words*）的曲调具有讽刺意味，朗朗上口，观众可以拍手跟唱：

我们无话可说

我们无曲可唱

> 无妨，我们可以一直唱"啦啦啦"

有一个镜头是乐队的4名以色列成员在停火后为士兵表演《我们无话可说》。这是我们所找到的最接近这次巡演本身的镜头。这时科恩已经走了，但马蒂·卡斯皮还在那里，他的目光怪异而疏离；罗维纳有一头精心打理的钢盔般的金发，摆着戏剧性的姿势；奥什克留着蓬松的发型，穿着白色高领毛衣；普皮克在一旁说着笑话。

当时，普皮克把自己看作会演喜剧的战士，在室内、室外，在白天和晚上，为处于人生至暗时刻的人们表演，每天四五次。有些人急于分散注意力，有些人根本不想来看表演。他在即兴表演小品时就像一个空中飞人。下面的观众在想他有没有可能会掉下来，甚至真希望他能掉下来。他说："每场演出都是一场战斗，你必须打败观众。"科恩此时在舞台上的角色与那个滑稽的喜剧演员大不相同，但他对表演有着类似的想法。战后一年，一位西班牙记者就他在舞台上的严肃态度访问他，问他为什么拒绝微笑。科恩说："有一些人在唱歌时哈哈大笑，他们在舞台上跳来跳去作秀，我唱严肃的歌曲，我在舞台上也很严肃，因为我没别的法子。我认为，一个斗牛士并不是大笑着上场的。相反，他上场时想的是，他在用自己的生命与公牛打赌。"[2]

普皮克告诉我，有一次他们开着车穿过沙漠，沿着几英里长的空旷公路行驶，过后在一个由杆子和麻布屋顶搭成的简易建筑附近停下。艺术家们坐在树荫下吃饭时，突然就被苍蝇团团围住。他们不知道为什么，有人说："嘿，看那个。"他们这才知道原委：一只靴子从一个小沙堆里伸出来，它还连着一条腿……原来他们被半埋在沙子里的尸体所包围。

14. 我们在人们聚集的地方唱歌，有时是在数百人的大厅，有时是在高射炮旁，对着十几个人或者几十个人。有时有灯光，有时他们会用手电筒照着我们。他们要我们在哪儿唱，我们就在哪儿唱。

15. 我的指尖长了老茧。到处都有迹象表明我很有用。

16. 唯一能替代DC-3的是另一架DC-3。

17. 人们正被杀戮。我开始用一首新歌来结束我们的表演。副歌是：爱人爱人爱人爱人爱人爱人爱人回到我身边。

18. 我对自己说，也许我可以用这首歌保护一些人。我会让这种保护延续良久。

第十四章 早已湿透

科恩和他的战友们进入战区时，其他音乐家们在沙漠中和戈兰高地的北部战线上，从一个部队到另一个部队演出。军队混乱不堪，好像没人真的知道这些艺术家们到底在哪里，也没人能确保他们与战斗保持安全距离。

据歌手阿夫纳·加达西（Avner Gadasi）回忆，他和另一位表演者从特拉维夫被派往北方，前往戈兰高地。他们驱车来到一个刚刚被叙利亚人攻陷，又被夺回来了的基地。里面的士兵几乎都死了。"门口的警卫告诉我们，'直接上山，看看还有没有人可以看你们表演'，"他告诉记者，"我们走进基地，看到了火、燃烧的木桶、焚毁的文件，这个地方已经经历了恐怖的磨难。他们把东西烧了，不让它们落入敌人手中。在混乱中我们看到了几个士兵，可能有10个。他们拉来一台推土机，我们坐在推土机的铲子上，那里就像一个小舞台，我们坐在上面为他们表演。"

战争一开始，歌手雅丹娜·阿拉齐就自愿加入劳军娱乐团了。有一张照片是她和她的"巧克力、薄荷和口香糖"三人乐队在空军

基地唱歌：3个穿着牛仔裤和T恤衫的年轻女孩子，其中阿拉齐梳着她标志性的黑辫子。[1]她和增援部队一起到达戈兰高地的陡坡，这些增援部队正在努力支援以色列防线上艰难维系的部队。像普皮克等许多艺人一样，她一开始是在最有名的劳军娱乐团工作，这个娱乐团隶属于一个叫作"战斗先锋青年"（Fighting Pioneer Youth）的旅团。她在20世纪60年代末苏伊士运河沿岸的消耗战中学会了从事这项工作，劳军娱乐团会在前哨之间穿梭，她的一个音乐家朋友在那里差点被弹片炸断了腿。[2]但这一次是她第一次看到死亡的以色列人。多年后阿拉齐告诉记者："我记得有一场在戈兰高地的演唱会，是为失去很多战友的伞兵们表演。他们没有心情听歌。"当时天很黑。乐手们用吉普车大灯照明。他们唱了一首1948年战争中

的经典歌曲《友谊》(*Friendship*),歌曲关于牺牲的战友。这首歌受到了这些士兵父母一辈的喜爱。这首歌刚问世时,以色列刚刚建国,犹太人认为只会打一场仗,仅此而已。但到现在已经打了3次仗,战争仿佛永无尽头。"他们哭了,我们也哭了。"她说。

这些表演者们为士兵们所知,士兵们把他们当成自己故事的一部分。而科恩不是他们中的一员。他用一种不同的语言唱出了远方和远处的人。但战争中的士兵不一定非要听关于战争的歌曲,也不一定非要听关于本地的歌曲。他们想去别处。太过快乐的音乐也不会起作用,因为它太遥远了,仿佛是在轻视、嘲弄他们的生活。

我曾在1998年去黎巴嫩南部安全区进行巡察,之后我所在的步兵连休整了一个星期。有人带来了一位流行歌手为我们表演。她当时有一首名为《卸下你的武器,我的士兵》(*Unload Your Weapon,*

My Soldier）的热门歌曲，她演唱着这首歌，和两个穿着假军装、拿着小塑料枪的男舞者一起，表演各种双关语和舞蹈动作。我们站着，盯着他们。这真是太可怕了。当时我怨恨我们的长官，怨恨他强迫我们去看演出，也怨恨那个流行歌手，因为觉得她可能有话要对我们说。现在我更多的是对这位可怜歌手的同情。我想知道她在舞台上是怎么想的，就像我也想知道，当科恩站在沙漠中的舞台上，面对那些面临死亡的人时，他心中在想些什么。

一个合情合理的猜想是，他想知道这些士兵对他的看法，以及如果他与这些士兵身份颠倒，在士兵的立场上他会作何反应。也许科恩还担心会重演耶路撒冷演唱会的情况，他对那场演唱会上以色列观众的一些反应不知所措，即便那次的情况远没有这一次复杂。他可能一直在叩问自己，就像他在那场演出中愣住后说的那样。"你在哪里站起来说话？为了什么，又是为了谁？你的经验有多深刻？你要说的东西有多大意义？"[3]他可能在想所有诚实的艺术家都会一直思索的问题——我是个骗子吗？

但在这里，科恩并没有愣住。一天天过去，他看到越来越多的士兵，一定已经感觉到他的艺术正在发挥作用。手稿中的两个短句透露出他的信心，这两句都显出他有一种无产阶级的谦虚。他写道："我的指尖长了老茧。"这告诉我们，他之前已经很久没有碰过吉他了，而现在正不停地演奏。"到处都表明我很有用。"

这可能是因为他的歌曲或是演讲、观点等恰恰是在这种情况下人们所需要的。"悲观主义者是指那些等雨的人。而我,早已湿透了。"他曾说,"我不等待雨的降临。我们就在灾难之中。"[4]

在不久之后的一次采访中,科恩谈到了面对灾难的一种独特方式。"有一种传统是这样的:如果发生了不好的事情,我们不应该沉浸在悲伤中,"他说,"我们应该演奏一首快乐的曲子,一首欢快的曲子。"他还说,除此之外,还有一种中东的传统,"如果真的发生了很不好的事情,最好坐在坟墓旁痛哭哀嚎。这样人就能感觉好点"。这两种方法都有用。"而我自己的传统,也就是希伯来传统,"他说,"建议就坐在灾难旁边痛哭流涕。在我看来,悲痛似乎就是解决问题的方式。不回避灾难,而是投身进去。"[5]

若说这便是他面对灾难的方法,那么这种方法也是用一种许多听众听不懂的语言来表达的。琼·贝兹曾经解释说:"若有人认为歌曲必须有意义,那么莱昂纳德会证明事实并非如此。""从根本上来说,歌曲不一定有意义。它只是来自他的心底,以某种方式触及其他人的内心深处。我不清楚这是怎么做到的,但我知道他确实做到。"[6]贝兹指的是1970年科恩在怀特岛混乱的摇滚音乐节上的表演,他得为50万人表演,这些人浑身湿透,很疲惫,十分厌烦,他们嘲讽贝兹,向克里斯·克里斯托弗森(Kris Kristofferson)扔瓶子,还点燃了吉米·亨德里克斯表演的舞台。科恩看起来寒酸而挫败,他在深夜出现,静静地弹着吉他,与观众交谈,就像与朋友在屋子里聊天一样。他让观众点燃火柴,以便他能看到他们的位置。

科恩催眠了观众。整场绝妙的表演被拍摄了下来。

然而,谈到科恩与西奈半岛士兵的沟通方式,怀特岛音乐节上的演出并非最为相关的一个先例。1961年他与国际冲突擦肩而过的那一次也不是,那时他去了哈瓦那(Havana),碰巧遇到了猪湾入侵事件。(有一张科恩与两名共产主义士兵合影的照片留存了下来,他们穿着戏仿的革命服装,看起来很傻。)这个最相关的先例是科恩在精神病院的演出。

精神病院演唱会的第一场是1970年8月在伦敦附近的亨德森医院(Henderson Hospital)举行的,比怀特岛音乐节早2天,比赎罪日战争早3年。西尔维·西蒙斯(Sylvie Simmons)在她为科恩所作的传记《我是你的男人》(*I'm Your Man*)中描述了这场演出。这家医院有着阴森的石墙和一座塔。"军队"乐队的几个成员很抵触过来这里演出,但在科恩的坚持下,他们都同意了。科恩没有明确告诉乐队这件事对他很重要的原因,但他们明白,他同情那些身处边缘的人,而且他自己也熟悉边缘。

这场演出让人心服口服。吉他手罗恩·科尼利厄斯给西蒙斯讲了一个故事:一个年轻人站起来,他的头骨少了一块,你可以看到他的大脑在皮肤下跳动,他开始对科恩大喊大叫,乐队只得停止演奏。那孩子说:"好吧,好吧,大诗人,大艺术家,你有摇滚乐队,你有漂亮的妞儿,你唱着漂亮的歌词……老兄,我就想知道,你怎么看我?"[7]这位吉他手记得,科恩走下舞台,走过一排排的座位,"在大家回过神来之前,他把那个人抱在怀里,拥抱着他"。

科恩相信,正如他告诉一位采访者的那样,精神病人的经历"会特别赋予他们接受我的作品的资格"。

> 从某种意义上说,当某人同意进入精神病院,或被送入精神病院时,他已经接受并承认了巨大的失败。换句话说,他已经做了一个选择。而我的感觉是,这种选择的要素、这种失败的要素,与催生我的歌曲的某些要素相对应,而且有这种经历的人会共情我的歌曲中所记录的经历。[8]

士兵不是精神病人,但有时他们和精神病人也差不多,有些人将会成为精神病人。在战争中,诚实的人都知道他们失败了,即使他们身处于战胜方。科恩从未目睹过战争,不会说希伯来语,对周遭发生的事情也不甚了解。他不知道自己身处何处,但他对观众的情况有所了解。

以色列报纸《新消息报》(*Yediot Ahronot*)的一名记者在战争期间采访了科恩,从我们掌握的资料看,那几周科恩说话不多,这是其中的几句:"起初,我很担心我那些安静而忧郁的歌不是能鼓励前线士兵的歌曲。但我了解到,这些优秀的孩子并不需要光荣的战斗颂歌。现在,在战斗的间隙,他们可能比以前更愿意听我的歌。我是来振作他们的精神的,他们也振作了我的精神。"[9]

科恩的巡演并没有引起公众的注意。有太多其他的事情正在发生。在以色列的报纸上只有几处提到此事，通常是在那些写其他从国外来的、当时比较出名的明星的文章中，比如丹尼·凯耶（Danny Kaye）和法国歌手恩里科·马西亚斯（Enrico Macias）。例如，在上文引用的《新消息报》的文章中，马西亚斯出现在标题里，而结尾才提到了科恩。还有一处是从以色列之声（Voice of Israel）的一期广播节目保存下来的，跟在丹尼·凯的一段话之后。"另一位著名的艺术家是歌手莱昂纳德·科恩，"记者说，"他安静的抗议歌曲挑战了战争的理念。他谦虚、安静，看起来比实际年龄要小。他告诉我，现在他看到了战争及其影响，才明白用诗歌或歌曲来描述战争的困难之处，也许要做到这一点甚至是不可能的。我问他，他在这里的经历是否会在他的作品中以某种方式表达出来。"

带着那小心翼翼的加拿大腔调，科恩的声音传来。"哦，我真的不知道，"他说，"这个我没法说。我没有什么可说的。我只是这里的一个艺人。当然，我对我所看到的东西有印象。但我还不知道这些印象会不会在我的歌曲里表达出来。不管怎样，我都不是来这里收集素材的。"采访者又提了一个问题，但在录音中听不清楚，科恩回答："我不清楚这个。我只是尽快过来了。"[10]

第十五章　『心理学』

我认识一位叫乔尔（Joel）的心理学家，当时他是一名25岁的军医。[1]他在开战后的一周之内到了战场，那是10月13日，当时形势很严峻，一直到两天后穿越运河的反击战时才有所缓解。在他到达的那天，西奈半岛以色列装甲部队的总指挥官阿尔伯特·门德勒（Albert Mendler）将军在半履带装甲车上被杀。

赎罪日祈祷时警报响起，乔尔本应该在苏伊士前哨的一支预备役部队，因为几周前军队进行了例行征召。但他在大学里有点事耽搁了，错过了公交，当他到达基地时预备队已经离开了。军队办事员送他回了家。如果乔尔能及时赶到那儿，他就会在突袭中被抓，可能已经死了，或成了阶下囚。但实际上乔尔却在耶路撒冷的一个犹太教堂里。

尽管当时是赎罪日，禁止用电，但拉比说可以打开收音机。因为广播会宣读各个部队的征召代码。人们也可以开车去征兵中心，因为犹太教将拯救人类生命的原则置于其他教规之上，甚至也置于赎罪日教规之上。

在混乱的征兵中心，乔尔遇到了一个熟人，那人当时在意大利学医。军队的办事员把这个学医的人分配到一个装甲营，把乔尔分配到伞兵部队，与那个医学生不同的是，乔尔曾在坦克部队服役，而且从未从飞机上跳下去过。这就是军队的逻辑。他们两个人试图对调职务，但办事员已经把名单铅印了几遍，修改实在是太麻烦了。那个医学生后来被地雷炸死了。

他所在的伞兵连几天后到了西奈半岛，最后停在了米特拉山口（Mitleh Pass）以南某地，他不清楚这个地方究竟是哪儿。他们坐在沙漠中的卡车里听说了门德勒将军的死讯。他这才知道自己是在哪天到达战场的，否则他连这都不清楚。

他们在沙丘上搬运沉重的装备。他当时身材走形，很难跟上大部队。他不记得事情发生的确切顺序，只记得一些简单画面：4辆以色列坦克在他前面的高地上面对着敌人，然后是四声爆炸声，一声接着一声。沙地上布满了像蜘蛛网一样的细丝，人们会被它们绊倒，会看到它们在阳光下闪闪发光，它们很美——是埃及火箭的导线。以色列的坦克就在几百码之外。乔尔提醒他的中尉说自己是军医，问他是否应该过去帮忙。中尉说，你得有把铲子才行。过一会儿就能看到一个穿着坦克工作服的黑乎乎的身影，从沙地上向你走来，问你是哪个部队的，想去哪里。留在家里的人不知道战场上的人的生死，也不知道他们有没有被俘。乔尔的父母在波士顿，他知道他们很担心，于是剥下一罐军用豌豆上的标签，在背面给他们写了一封信。部队从美国人的支援物资里拿到了一箱新的肩扛式火箭弹。站在乔尔附近的一名士兵误发了一枚,这枚火箭弹与他擦肩而过。乔尔的战争故事总是和一些"错过"有关。

著名歌手耶霍拉姆·加翁(Yehoram Gaon)来为他们表演。他被部队驱使着在前线奔走,为一群又一群士兵停留。耶霍拉姆走到乔尔和他的朋友面前时已经失声了,不能唱歌了。他道了歉。

一阵炮火出现,有人喊了一句话,听起来像是"*esh ness*",乔尔没懂这是什么意思。他才从美国回来没几年,1969年从波士顿大学毕业后,除了一台录音机,一些迪伦、卡勒巴赫拉比和莱昂纳德·科恩的音乐专辑之外,没有带其他东西回来。他的希伯来语仍然不是很好,但他知道"esh"是"火","ness"是"奇迹",并认为也许他们在谈论某种奇迹燃烧弹什么的,但实际上"ness"这个词在此意义不同,它是希伯来语中"防御大规模密集炮击"的缩写。意思就是,发生了大规模密集炮击,你要快跑。他们都跑到半履带车上躲着,但有一个叫巴尔-昂(Bar-On)的人只是站在炮火中,一动不动,也不跑开。他不听劝告,只是站在那里。在乔尔70多岁时,已经是一位心理学家的他回顾了此事。他记得,他们不得不对这名士兵使用了"心理学",也就是大家跑到巴尔身边,一拳打在他脸上,然后把他扔进了半履带车。

乔尔彻夜未眠,到了白天,他们终于来到了一个能休息几个小时的地方。那不是一个基地,只是沙地上的一个临时营地。他穿着靴子沉沉睡去。就像大家当兵时那样，他昏睡过去——部分原因是他已经疲惫不堪，部分原因是他无法喝酒嗑药，只有睡眠能够隔离周遭的一切。平民的沉睡不会有这么深。乔尔睡着的时候听到了声音。他知道那是谁的声音。

"我听到了歌声，心想，好吧，显然我在做梦，"他回忆说，"我想起来，但做不到。我就睡过去了。我又听到了声音，我说不行，我必须得起来，看看发生了什么事。"这个过程重复了3次，或许4次。但他醒不过来。最后他睡得更沉了。"我想，这不可能是真的，不过这真是个美梦，所以我要继续做梦。"

过了一会儿，其他一些士兵把他摇醒了，他在沙地上醒了过来。那天晚上有一场伏击战，他们必须做好准备。他们说，来了一个歌手，一个拿着吉他的美国犹太人，他们不认识。他弹了几首歌，然后开车走了。不，乔尔说——这不可能。但事实如此。这真的是科恩，人就在西奈。他也错过了。

第十六章　喘息之机

在《约拿书》中，有这样一个场景：这位落魄先知终于在尼尼微完成了他神圣的使命。如今他在城外的空地上，坐在强烈的阳光下。他经历了很多事情——船难、进入鱼腹。上帝召唤出一株植物，它以神奇的速度生长起来，开枝散叶，为他遮阴，给他带来"巨大的幸福"。也许他终于明白了一切。事实上，上帝马上要派一只虫子使植物枯萎，再给约拿一个教训，但这位英雄还不知道这个事情。

科恩和乐队得到了喘息的机会：

> 达科他运输机把我们载回了卢德。我们被驱赶到特拉维夫。我感到自己非常强大。我没有把阿利斯逼到墙角，也没有紧追罗谢尔不放。我在丹酒店（Dan Hotel）的酒吧里和战地记者一起喝酒。我是一个经历过战争的正经人。[1]

第十七章 以撒的故事

在东京，无人知晓当天是赎罪日。以撒也忘了那时自己是否还记得。[1]以色列、犹太人、他的基布兹和"杏仁"侦察队（Almond Reconnaissance）*，还有在加沙边境追捕渗透者等——他已经尽可能远离这些事情了。[2]他离开了军队，来到外面的世界，越过了外部的界限，在地铁里卖画——银座线、丸之内线、都营一号线，京桥站、虎之门站、赤坂见附站，白衣飘飘的售票员，湿润的沥青上映着霓虹灯，女学生的发辫，模仿猫王的发型。

他没有回家的打算。但战争消息传来时，以撒知道他的朋友们会身在其中，而他想和朋友们在一起，这种渴望压倒了一切。他把自己的小车开到一家修车厂，在那里留下一张纸条，让修理师给他寄600美元到以色列，但他后来并没收到这笔钱。然后，他带着自己

---

* "杏仁"侦察队是以色列国防军追踪和反恐部队，隶属于以色列吉瓦提步兵旅。该部队被命名为"Shaked"（希伯来语），意为"点燃杏仁"，因为杏仁开得早，所以这个词有勤劳或毅力的意思；"Shaked"也是希伯来语中"南部边境守卫"之意。

的一点积蓄，想从日本坐飞机前往西方。

以撒在"杏仁"侦察队有个朋友，名叫什洛米。什洛米在伦敦的一家以色列航空公司当空警。在以色列军队中，名为"杏仁"的部队是往日传奇，它成为传奇之时，以色列还存在许多不按规矩行事的野生部队。"杏仁"侦察队的士兵们有自己的羊群，他们轮流担任牧羊人。他们大多是刚从基布兹的田地里走出来的孩子，接受过实用共产主义和世俗人文主义理想的教育，擅长打仗。这个部队不会有俘虏。如果你和"杏仁"侦察队作战，不是他们死，就是你死。这种精神来自贝都因斗士阿卜杜勒·马吉德·希德尔（Abdel-Majid Hidr），他决定当个新人，于是改了名字，成了以色列指挥官阿莫斯·亚科尼（Amos Yarkoni）。他只有一只手臂。这说来话长。

以撒和什洛米曾在一位金发的疯子军官手下服役，他是军队中最好的年轻战地指挥官之一。没有人喊他的真名阿马齐亚（Amatzia），大家都叫他帕齐（Patzi）。关于帕齐的故事有很多。有一次，那是在1973年战争之前几年，"杏仁"侦察队的士兵在约旦腹地进行突袭，勉强回到以色列边境附近。正当士兵们准备越过边境返回安全地带之时，帕齐在敌人的领土上让整个部队停下。他提醒大家，今天是普珥节（Purim），要戴面具、醉酒狂欢。帕齐强迫士兵们站着唱普珥节的歌，直到他满意为止，然后才同意带领他们回家。

"杏仁"侦察队的一些故事听起来像爱尔兰民谣或乡村歌曲。

有一次入侵约旦时，士兵们误杀了一匹母马。因为当时他们正在伏击游击队，这匹马吓了他们一跳。早上，他们发现一匹漂亮的红马驹在它母亲的尸体附近吃草。士兵们都是在农场长大的，他们套住了这匹马，喂它吃草，在自己的藏身之所里照顾它。部队返回以色列时，一名中尉用一辆半履带车把小马偷偷带过边境，带到他在北部的基布兹。他在女友怀孕后离开了军队，在苏伊士运河沿岸的预备役部队干了一段时间，结果被埃及的地雷炸死了，留下了一个宝贝女儿和那匹约旦马驹。在那之后（故事是这样说的），中尉的父亲并没有多说。他把自己的床搬到马厩里，像养儿子一样养着这匹红马驹。这匹马的后代仍然在以色列北部地区驰骋。

以撒设法买到了东京飞往罗马的机票，罗马的以色列航空公司服务台挤满了人，已经在赶人走了，但步兵军官可以通过。就这样，他一路从日本回到他的基布兹——埃夫龙（Evron），这里靠近黎巴嫩边境海岸。他已经离开了很长时间，从没有想到会回来。没有人知道他要回来。他穿过大门，沿路走到生产灌溉阀门的工厂。他就在那里，留着旅行者的那种蓬松胡须，背着背包。这时他的父亲骑着自行车经过，正忙着工作，右手扶着车把，左手扛着木梯子。他的父亲并没看到他。

以撒的父亲迈克尔（Michael）是一个小个子男人，曾是布达佩斯一家百货公司的主管。以撒出生之前，迈克尔曾有一个家庭，一个妻子和两个女儿，女儿分别是2岁和4岁。他的妻女都被德国人所杀，迈克尔则在一个强迫劳动的集中营里幸存下来，集中营里的人被派去走雷区。那里的人如果被炸掉了一只脚，就会被德国人用枪打死。他最终活到了102岁。

以撒的母亲在二战前改嫁，也生了一个孩子，但只有她活了下来。这样的事在当时的以色列并不稀奇。迈克尔因移民而生活困苦，在这个崭新的国家失去了身份和职业前途。他成了基布兹的一名房屋油漆工。以撒的母亲美丽而迷人，在以撒小的时候母亲为了旁人离开了他。以撒是迈克尔的独生子，也是他仅剩的全部。

那时以撒还不是一名专业的摄影师，但他已经有了属于自己的相机——一台尼康F2，大部分时间都被他拿在手里。他的父亲骑车经过时他正拿着相机。这一幕成了他第一张杰出的战争摄影作品。

拍完照片后，以撒放下相机，叫了一声。

迈克尔看到他时欣喜若狂。无人知晓以撒到底在哪里，也无人知晓他是否会回来。基布兹的其他年轻人陆续回来，又消失在战争之中。似乎有人在问，问那些仍然没有出现的人。也许没有大声地问出来，但起码有暗示。这些孩子从小就被教育要战斗。这是犹太人被要求的，这样往日之事就不会重演。他们会做这件被期待的事情吗？

迈克尔不仅为再次见到儿子感到高兴，还松了一口气。他说了一句以撒永远不会忘记的话。在47年后，离重逢之地几百码远的基布兹小房子里，他对我重复了这句话。他重复了这句话，在脑子里翻来覆去地想了很多遍。他的父亲说："你能来参战我太高兴了。"

以撒爱他的父亲，直到父亲去世时也是如此。以撒把父亲的一张大照片放在墙上，那是以撒自己拍的。但他从未忘记那句话——他父亲愿意牺牲他，是因为有比唯一活着的儿子更重要的东西。这是一个令人不安的故事，也是我们最古老的故事之一，出自《创世记》。如果这是一部小说，这个男孩的角色名字必须叫以撒，但在小说中人们不敢这样称呼他，因为这个称呼太沉重了。

第十八章　育空

当以撒还在去往以色列的途中时,他的空警朋友什洛米已经赶到前线。[1]什洛米不顾希思罗机场安全官员的命令,偷偷溜上一架前往特拉维夫的飞机。数百名以色列人在机场地毯上席地而卧,想要回家,因为有战争的威胁,像什洛米这样的航空公司安全人员被命令留在原地,不许介入战争。什洛米很喜欢伦敦。在得到这份空警工作之前,他从未离开过以色列,除了参与对约旦的突袭。什洛米也从未乘坐过除了军用直升机之外的飞机,但如今他去过纽约,看过平克·弗洛伊德(Pink Floyd)的演唱会。他本可以置身事外,不参与其中。虽然并没有人告诉他,但他知道"杏仁"侦察队的人和帕齐就要重新集结起来了,而且他也必须到场。[2]

什洛米在飞抵以色列后立刻前往位于朱利斯(Julis)的大基地,那里的预备役军人正在报名。他还穿着那套空警必须穿的制服,在以色列,正常人都不会穿这种衣服。草地上数百个穿着牛仔裤和凉鞋的男人中,什洛米显得很古怪。大家都在聊天抽烟,等着有人告诉他们该干什么。有人在谈论,军队会在几天内组建一个新的坦克营,但没有人知道具体的情况。什洛米明白,这个基地是为那些不急于作战的人准备的。尽管他已经签署了文件,已经成了一名士兵,但他还是跳过栅栏,即使这意味着他正式成为一名逃兵。什洛米搭车前往特拉维夫附近的公寓。他跪在床边,想取回放在床下的步枪、制服、靴子和头盔,但那里什么都没有。一个室友以为什洛米不会回来了,所以拿走了他的装备。

由于停电,夜色比平时更深。他开始搭车往南走,希望能设法到达西奈。他站在阿什凯隆(Ashkelon)附近的路边,朝一辆大巴打了个手势。这辆大巴载有著名的"战斗先锋青年"的劳军娱乐团,他们正往南走,准备为部队演出。他们在一个基地短暂停留,什洛米想在那里找他认识的一名坦克营指挥官,但应急仓库是空的,坦克也不见了。那里只有一个年轻的办事员。

"营队在哪里?"什洛米问。

"没有营队,"她说,"他们是第一批到达运河的人,现在没别人了。"

什洛米看到附近有一把乌兹冲锋枪,还有一个弹药夹。他拾起枪支弹药,和音乐家们继续向南进入西奈半岛。他们的目的地是位于巴鲁扎(Baluza)的后方基地,他知道那是一个能与埃及人保持安全距离的地方。那是参战士兵们梦寐以求的基地,里头有淋浴、巧克力棒,还有姑娘们。但当他们开车进入基地时,喇叭正发出尖锐的声音,命令每个人都跑到围墙边向外开火——埃及人就在附近。

那是战争的第四天。他以为自己会在运河上与埃及人作战，但如果埃及人已经渗透得如此深入了，那么情况就比大家传的都要糟糕。

在围墙边上守了一夜后，什洛米坐上吉普车前往西奈半岛更深处的一个营地。有人说阿里埃勒·沙龙（Ariel Sharon）就在那里，什洛米知道，如果这位魁梧的将军就在附近，那么帕齐也会在。如果想参与军事行动，想要一个关心下属胜过关心上级的指挥官，那么去找沙龙就对了。从伦敦出发后，此时什洛米已经连着两天不眠不休地奔波了。他走在这个沙漠新基地的预制建筑之间，看到3名士兵跪在火堆旁，用水果罐头当杯子冲咖啡。有两个是像什洛米这样的"杏仁"侦察队前军官，另一个就是帕齐本人，什洛米走近时，一头金色卷发的帕齐正咧嘴笑着。"我永远不会忘记那一刻，"什洛米说，"就好像有人打开了天堂之门，有天使和70个处女。"现在他就在灾难之中，在他所属之处。

他们都没有得到命令，甚至没有被分配到预备役部队，就这么出现了，于是他们宣布自成部队。他们已经有了一辆吉普车，然后什洛米在基地里闲逛，又偷了第二辆。这就是"帕齐部队"的创建过程。知晓此事的人从此便熟知了"帕齐部队"，尽管官方记录中类似部队从未存在过。

10月14日上午，大约凌晨3点，几架埃及直升机越过西奈半岛的前线，把一个突击队分队扔在以色列地图上的一个点附近。这个地点有个加拿大名字——育空（Yukon）。那里是军队集中放置大型滚轴桥（roller bridges）的地方，预备着可能进行的横跨苏伊士运河的反击。但现在还不能反击，因为以色列人还在犹豫不决，而埃及人即将派坦克纵队进一步深入西奈半岛。以色列侦察员看到直升机降落，猜测约有100名埃及突击队员在育空附近的沙漠中。

另有少数几名"杏仁"侦察队前军官设法来到了西奈半岛的一端——帕齐的身边，加入队伍。其中一个是埃坦（Eitan），他从本·古里安大学（BenGurion University）的工程系赶来；[3]另一个是卡茨（Katz），他是一个虔诚的犹太人，而非无神论基布兹居民中的一员，因此卡茨很特别。[4]这支临时部队还带上了一辆被部队落下的装甲运兵车，司机来自贝尔谢巴（Beersheba），名叫索尔（Saul）。[5]黎明前，帕齐的吉普车带领这支队伍进入沙漠，找到了突击队员，帕齐在机枪位上，什洛米在司机位上。而其他军官则会找些理由拖延战斗，要求增援，或者用无线电通知空军后开始等待。帕齐那十几个人的队伍要比突击队管用10倍。

他们从一个预备旅——第600旅处获得了几辆坦克，这提高了他们的胜算。什洛米还记得，他沿着铁轨离开公路进入沙漠，来到一个高地，然后发现一大群藏进散兵坑和灌木丛中的埃及人包围了他的吉普车。

这就像一场古老的战争，和敌人亲密接触——你可以触摸到敌人，敌人也可以触摸到你。什洛米开车进去的时候埃及人开火了。贝尔谢巴人索尔驾驶着装甲运兵车过来时，被一枚火箭弹击中，火箭弹直接穿透了索尔的驾驶室，然后穿过了坐在后面的工程系学生埃坦。车停在那里，冒起了黑烟，但什洛米过后才注意到黑烟，甚至几乎没有注意到那些坦克的出现。在他的记忆中，他和帕齐独自坐在吉普车里。他愤怒地转弯，然后从沙丘上倒车回来，在沿途的另一个点上进来，帕齐又开始射击。他们在路上来来去去，射击吉普车边上的人。埃及人向被围在中间的以色列人开枪时击中了自己人。"我们转了一圈又一圈，杀了一群又一群人，"我们在帕齐的厨房里谈到这个话题时，他是这样向我描述的，"他们死在自己的岗位上。"

有一本1200余页的记录第600旅历史的书，是由旅里一名下级军官，后来成为大学教授的梅纳赫姆·本·沙洛姆（Menachem Ben Shalom）编撰的。[6]这本书详细描述了部队在西奈半岛的噩梦。该书记录了当天上午在场的坦克乘员的证词，也包括作者本人的证词。其中一辆坦克很快被火箭弹击中，炮塔内的指挥官因此失明。其他坦克冲进了步兵群中。"当时我们发现了突击队员，"一名坦克乘员回忆说，然后说着说着就改成了现在时态，仿佛这一切仍在发生，"我用机枪和坦克履带进攻。我把人压扁了，完全丧失了人性。"[7]一名叫安德烈（Andrei）的装填手记得他看到"一个人拿着火箭筒对着我，我接到命令要碾压他。我记得那个可怕的画面，埃及士兵知道了我们要碾压他，我看到我们碾压他时他脸上的惊恐"。[8]

"敌方一名勇敢的士兵突然在坦克前方10米处站了起来,手持火箭筒,正对着我们,正对着我的潜望镜。"奥弗(Ofer)回忆说。[9]他是一名坦克驾驶员,指挥者是一位名叫耶胡达·盖勒(Yehuda Geller)的军官。这名军官暴露在炮塔中,通过对讲机与奥弗说话。"在那几秒钟里,我低声对自己说'以色列啊,请听我说',"他背诵了犹太人在死亡前的祈祷词,"然后等待最坏的结果降临。那一刻,耶胡达·盖勒从炮塔上用乌兹冲锋枪向那名士兵打了几发子弹。我的恍惚被耶胡达的喊声打破了,'向左突破,压死他'。我向左转,从那个勇敢的士兵身上碾过去。"

没人记得这场战斗到底持续了多长时间。埃及人几乎战斗到最后一人。"没有人投降。"帕齐说。但用"几乎"这个词可能还是必要的,因为有几名坦克乘员告诉一位历史学家,有敌军士兵躺在地上,也许死了,也许没死,帕齐向他们补枪。在战斗结束时有一段模糊的时间,没有人确定战斗已经结束,而这种模糊性可能会让你丧命:也许一个敌军士兵向你投降,在你降低警惕时,他的朋友立马在背后向你开枪。在几天前的一场小规模战斗中,这种情况差一点发生了。帕齐看到一名埃及军官投降后改变了主意,但埃及军官举起了他的步枪。帕齐先向他开了枪,这印证了他们在"杏仁"侦察队中的信条:只有确信所有的敌军士兵都死了,战斗才算结束。

以色列人战胜埃及突击队后，几名坦克乘员看到两三个敌军军官想要投降，但帕齐当时就把他们杀了。而帕齐和他手下的记忆不是这样的。坦克乘员接受的训练是服从命令，成为机器的一部分，进行远距离杀戮。他们不习惯近身作战，以前也没有见过像帕齐这样的人。他们认为帕齐很狂暴。参加这场战斗的人谈论帕齐的时候听起来不像是在说西奈的战争，而像是在说特洛伊战争。他们都是士兵，努力尝试去做他们被迫要做的事，但帕齐是天生要做这些事情的，这并不常见。他是这种人——既能为你赢得战争，也能接受你不知道赢得战争意味着什么。

枪声停止，沙漠陷入寂静时，所有人才听到了现场可怕的哀鸣声，就像吹羊角号的声音。直到这时，什洛米才看到装甲运兵车在高处冒着烟。来自贝尔谢巴的索尔倒在汽车喇叭按钮上。那是可怕的声音。埃坦的尸体在后面，而卡茨，那个虔诚的军官，在直升机降落时身上的血就已经快流尽了。什洛米费力将索尔的尸体从驾驶座上拉出来，喇叭声才停止。

第十九章　非洲

有一张几天后拍的帕齐的照片，出自以撒之手，他终于带着相机从东京赶了过来。这位指挥官正靠在装甲运兵车上。若仔细查看，在他的头部右侧，靠近车辆顶部的位置，有个火箭弹击中的小坑。他拿起了埃及士兵留下的一件简陋乐器——一把简易里拉琴（lyre），手指间还夹着一支烟。如果你了解《圣经》，你就会不由自主地想到那个拥有"神秘和弦"（secret chords）*的美丽杀手。

---

* "神秘和弦"是由希伯来圣经中的国王大卫演奏的，他是一位音乐家。科恩的歌曲《哈利路亚》中也提到了"神秘和弦"。

以撒的一个朋友给了他一支俄罗斯步枪，这是从死去的埃及突击队员身上拿下来的。他只得清洗掉上面的血迹。即便如此，以撒最重要的装备还是尼康相机，基本不离手。这不仅仅是为了记录日常事件。以撒告诉我，这台相机是他的盾牌。几年后，当他的父亲临终时，他也拍了照片。"我拿起相机的时候，就是另一个人了。"很少有战斗人员有相机，新闻记者们都没有他离战争那么近。多亏了以撒的胶卷，我们才能有幸目睹这一切。因为以撒从日本过来时懒得专门去军队登记，而是直接去了前线，所以他并没有正式参战，也没有在帕齐的部队中服役，反正在官方记录中并不存在。有时很难相信这些事情都发生过，也很难相信当时他就在那里。但我们有这些照片为证。

在一个镜头中，帕齐单膝跪在中间。在他后面站着、双手叉腰

的是空警什洛米。单膝跪在右边的大胡子是以撒。

现在，以色列人终于从开战第一周的震惊中恢复过来。他们的计划是赌一把，渡过运河，突破到埃及一侧，也就是以色列士兵称之为"非洲"的地方。这样一来，要么可以结束战争，要么以灾难告终。整个军队都在向运河移动，穿过沙漠的道路上塞满了卡车、被征用的民用汽车和公交。以撒也拍到了这个镜头。

前面叼着烟的是一个叫乔舒亚（Joshua）的军官，帕齐派他在渡河当晚带领第一批坦克到达运河边。这辆坦克被埃及人的炮弹击中，乔舒亚被炸死。[1]为决战而前进的车辆经常不得不在沙地上停车，给从前线带回伤员的卡车让路。一位历史学家说："一位祭司在路边分发《诗篇》册子，甚至连公开的不可知论者都抢着要。"[2]

在准备跨越运河的时候，以撒拍下了空警什洛米的照片：他正在清洗机枪枪管。

以撒拍下的帕齐部队绘制行军路线的照片。

还有淋浴的照片。

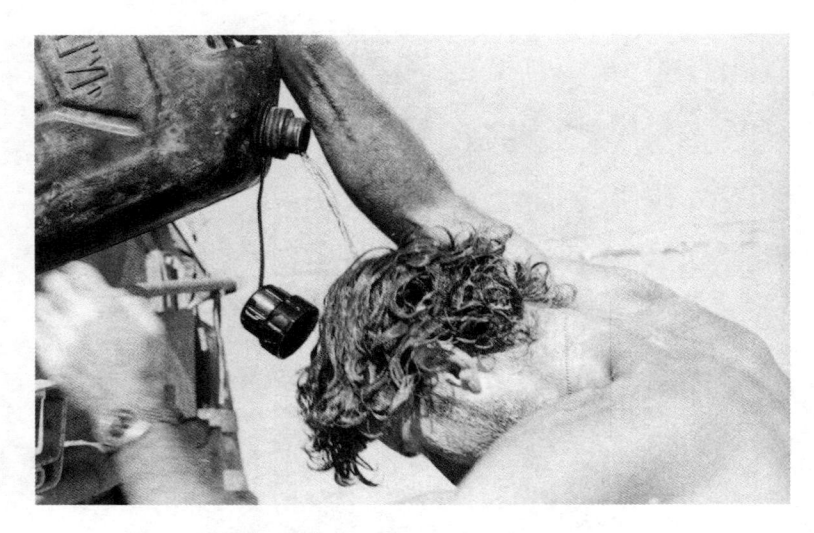

他们尝试入睡,但这并不容易。

第一批部队越过运河,在没有被发现的情况下到达非洲。埃及人发现以色列人的行踪时,帕齐部队的士兵们正处在运河岸边一个被诅咒的长方形区域,这个区域叫"院子"(Yard)。这里是沙龙将军的部队穿越运河的地方,他们过河时遭到了致命的炮火袭击。将军本人头部受了轻伤,士兵和工兵在"院子"里和运河桥上损伤惨重。以撒把伤员运回几英里外的伤员转运站,他们尽可能多地将伤员移到装甲运兵车上,飞奔出去,放下人,然后回到水边。以撒记得自己站在躺在地板上的5个人面前,其中一个人叫得很大声,以撒只得让他闭嘴。

沙龙在他的回忆录《勇士》(Warrior)中说,炮弹落下时,"院子"里塞满了车辆。一辆坦克停了下来,炮塔升起来,一个年轻士兵爬了出来,这是沙龙的信号官的儿子。沙龙的信号官是一个坐在将军的装甲运兵车上的中年男子。这对父子拥抱在一起,说了几句话,然后儿子就和他的营队一起去战斗了。一小时后,传来了儿子受伤的消息,信号官短暂地离开,去了解情况。他的儿子脊柱受伤,情况危急,腿不能动,信号官告诉沙龙,然后回去工作了。正在穿越运河的伞兵指挥官的儿子在坦克里,也受伤了。"在整个战场上,父亲正在失去儿子,儿子正在失去父亲,"沙龙写道,"25年前参加过独立战争的人还在战斗。"[3]在科恩的反战歌曲《以撒的故事》中,老一辈人要牺牲年轻人,科恩因此警告了他们。但在西奈半岛,这种情况显然更加复杂。

以撒没拍"院子"里血腥场景的照片。在他的照片中，以色列人还活着，还在笑。

死的士兵都是埃及人。

但这不是现实，只是照片。

在反击行动的第二天,帕齐带领他的小队伍穿过运河,他们推进到埃及境内时,杀戮越来越多。没过多久,事态描述起来就很单调了。以撒记得一些关键时刻:一辆敌人的坦克将炮口转向他们,他的膝盖发软——自己可能就要死在这儿了,突然埃及坦克爆炸了,是一辆以色列坦克摧毁了它。帕齐的队伍冲进埃及人的帐篷群,杀死了帐篷里面的士兵——但他不记得更多内容了,或者说他不想谈论这些了。对于整个战争,他说:"我拍了照片,我看到了难以置信的东西,我压抑了这一切。我母亲说,我回来后枯坐了一个星期,一动不动。"

在穿越海峡的几天后,他们靠近了埃及法伊德(Fa'id)空军基地。大家都记得,那是一个傍晚,一辆卡车忽然出现,载着以色列音乐界的一位巨星,仿若幻觉。

雅法·雅克尼(Yaffa Yarkoni)是独立战争时期著名的民谣歌手,时年47岁。[4]她就在那里,与前线的部队一起渡过苏伊士运河,当时军队还没有实际控制该地区。不远处的沙地上散落着穿制服的尸体。她设法与一名手风琴手一起穿过运河,想要去提高士兵的士气,至死方休。她穿着牛仔裤和军装衬衫,脖子上系着一条橙色手帕。

她站在沙龙的装甲运兵车的尾板上,开始唱歌,将军和他的士兵们若有所思地看着这位来自一个不可能的世界的使者,一个脖子上系着橙色手帕的女人。如果不是以撒和他的尼康相机,很难相信这真的发生了。

沙龙在1948年战争中就认识了她,那时他们都还很年轻,他还没有成为将军,她还没有成为巨星,甚至以色列都还没有成为一个国家。他走过去亲吻她。

她还在唱歌，就像人们说的那样，这时头顶上传来一声咆哮。一架孤独的苏霍伊（Sukhoi）飞机在天空中俯冲下来。

将军把歌手推到装甲车上，趴在她身上。埃及人来了，开着加农炮。帕齐站在空地上，用他的手枪荒唐地向飞机开枪，直到什洛米把他拉走。其他几个人正在用他们的俄罗斯步枪胡乱地射击，其中一个人，戈洛德（Golod），正在用安装在装甲运兵车上的大机枪射击。飞机拉升起来准备逃跑时，戈洛德可以看到飞机喷气发动机的红圈，于是他的曳光弹从地面升起，直接飞向红圈。飞机摇摇欲坠。最终机舱盖被击落，一个无助的人被降落伞悬挂在空中，向那些他刚刚想要杀死的人飘落下来。

几名士兵飞奔而去，在飞行员落地后立即抓住了他。这是敌人。[5]

这架苏霍伊飞机在附近的沙漠中坠毁。

士兵们给飞行员喝了点东西，把他交给了审讯人员。以撒和什洛米等人拿走了他的丝绸降落伞当帐篷。

就像这段叙述没有确切日期一样，接下来发生的事情具体是在哪一日也不清楚。什洛米认为是在当天晚上，他刚从沙漠中扫荡回来，回到他们的临时营地为吉普车找燃料罐。他需要汽油，但只有柴油。营地里是一群安静的脏兮兮的人，还有油箱空空的吉普车、带着火箭弹孔和血迹的装甲车、几辆坦克。一些士兵在降落伞做成的帐篷附近吃着作战口粮。

他们在苏伊士以西的某地，这个地方在什洛米的记忆中是"无名之地"。"把你的手指随便放在地图上。沙丘。一顶白色的降落伞。"什洛米不是一个容易激动的演讲者。他见多识广、务实、不善言辞。但在这里,他开始用不同的语气来讲述。当他走近营地时,他听到了一个声音。

他说:"这就像你在沙漠中行走着,上帝走到你身边开始说话。我就像听到上帝声音的摩西,我向它走去。我要描绘这幅画面:沙地上有一个钢盔。坐在钢盔上的是一个拿着吉他的身影,唱着《爱人爱人爱人》。"

第二十章　你手上的鲜血

科恩和乐队飞过运河，进入以色列刚刚占领的埃及领土，他们离前线已经非常近了。此时战争正处于高潮。

25. 一架直升机将我们送到运河的非洲一侧。这个机场在一两天前就被占领了。我们在一个混凝土机库里唱歌。墙上挂着一本埃及日历，埃及人还留下了一些食物。我突发奇想，想在这些铁皮罐子旁边睡上一觉。其中一个巨大的土豆泥罐子上写着：来自加拿大人民的礼物。

26. 我们只好时不时地躲避一下。

27. 在沙漠中感觉很好。战争也没关系。人们都处于最佳状态。正如我的朋友莱顿（Layton）在第一次"旅行"*中对迷幻剂的评价那样：人们永远不会消灭这种东西。

---

* 指使用迷幻药后的感官感受。

根据什洛米的记忆，在他看到科恩的那个晚上，科恩正被一辆小卡车的灯光照亮。他没有听众，在自弹自唱。也许他只是在等待被带去别处。也许他是想要演出，但士兵们太累了，或者太沮丧了，听不进去音乐，或者士兵们根本没有注意到他的存在。

什洛米认识科恩，实际上他见过科恩两次：一次是他随航空公司去纽约时，曾看过科恩的演唱会，另一次是在战前雅典至特拉维夫的航班上。科恩带着一把吉他上了飞机，空姐并没有认出他，想让他把吉他放好，这时什洛米介入了。他们进行了交谈，尽管这位歌手显得很防备。什洛米说："能感觉到，他在自己的世界里旅行，他的词句不是以一般的方式构建的。有时他会集中注意力，但会有这样的感觉——他并不总是和你在一起。"

在沙漠中，科恩并不想被认出来，他似乎也不爱说话。什洛米很惊讶，没想到在战争中能看到这位歌手，惊讶得他什么也说不出来。他试着给朋友们打电话，但朋友们又饿又累，而且他们都不认识莱昂纳德·科恩。所以什洛米只是和其他两三个闲逛过来的士兵一起听着。虽然什洛米不能准确地说出这件事发生的时间和地点，但他知道科恩在唱什么——《爱人爱人爱人》的一个版本，其中一节的歌词将科恩自己与以色列士兵视为一体。听到这些歌词，看到像科恩这样的人千里迢迢来到以色列，前往西奈半岛，甚至穿越苏伊士运河，与他们在一起，这让他很感动。

阿拉伯国家一致反对以色列。大多数欧洲国家甚至都不愿意让支援飞机在本国领土加油。以色列人有一种孤立无援的感觉。科恩并不是一架装满武器或增援的飞机，但他的出现自有其意义。这位歌手对他仅有的几个听众说了几句话。在什洛米的记忆中，他说："你们都在一起，为了彼此来到这里，这多么难得，多么感人。在这里和你们一起，看到你们不问缘由地待在一块，太不可思议了。"什洛米特别记得那句"不问缘由"，这句话呼应了科恩曾经说过的，为什么军队会吸引他的问题。"我真的不是为了去朝着什么人的脸射击，"他告诉采访者，"但是，考虑到我们是多么懒散、无纪律、难以管控和贪婪，若你真的设法让几个人组织起来，穿上干净的衣服，掌握优雅的行军方式，养成遵守纪律、服从命令的习惯，我想这真可谓奇迹。这些正是寺院或其他形式的训练中所使用的方法。这种训练的概念一直让我感兴趣，而军队历来是一个训练年轻人的地方。"[1]

之后，科恩离开了营地，开车进入沙漠。一两年后，《爱人爱人爱人》发行，什洛米在广播中听到了这首歌。他说："但那个混蛋改了词。"科恩将自己视为以色列人一员的那段歌词删了。

多年来，什洛米想要回想起那段歌词的具体内容。近50年后，我给他读我在科恩的笔记本上找到的词句时，他才再次听到这段歌词，其中诗人称士兵为"我的兄弟"，说他是来帮助他们战斗的。在我念完歌词后，什洛米沉默了一会儿。他说，他一直想知道为什么那些词句被删去了。这种转变并没有让他感到愤怒，只是令他感到悲伤。他想去爱莱昂纳德·科恩，而这件事成了阻碍。他曾经认为，科恩真的与他们同在，不像其他来演出的艺术家，甚至那些以色列艺人也不如科恩。什洛米在特拉维夫开了一家酒吧，一生都在与表演者打交道。他对他们中的大多数人都不以为然。"很多人说他们在战争中演唱，"他说，"但实际上他们只是在空军基地演唱，第二天他们就回到了卡西特咖啡馆。不像莱昂纳德·科恩。他真的在那里。他和我们一起吃了战斗口粮。我给他开了一罐。他就是一个普通人。"

因此，科恩删歌词的行为让什洛米很伤心。莱昂纳德·科恩这个人站在以色列一边，这首歌也是在以色列基地写的，但诗人莱昂纳德·科恩认为他的词必须比以色列人更伟大，比战争更伟大。后来，当科恩在舞台上表演《爱人爱人爱人》时，他会承认他写这首歌的地点，但他告诉观众这是为了"双方的士兵"写的。在法国的一场演唱会上，他甚至说，这是为"埃及人和以色列人"写的，他把"埃及人"放在语序的前头。[2]

与科恩的夜间邂逅是什洛米一段离奇的记忆，与他同在一个营地的以撒和帕齐对此事却毫无印象。大家记忆中的表演是在不久之后，可能是第二天，在已占领的法伊德空军基地附近的一个十字路口。军队推进到非洲后，开始切断还滞留在运河以色列一侧的敌军，沙龙此时在这里设立了他的师部。没有人记得科恩是怎么过来的，只记得他突然出现在那里。以撒将此事拍了下来。

在一张照片里，科恩正与罗维纳、卡斯皮一起唱歌。

还有一张照片是只和卡斯皮一起唱歌。

因为这里是沙龙的总部,也因为这位将军吸引了人们的注意,所以人群之中有些人带着相机。因此若你见过科恩在西奈的演唱会的照片,很可能就是这一次演唱会。当时还有一位陆军广播电台的技术人员,可以看到他在录制节目,但不清楚这些录像带的情况如何。这些照片能让人们想象出战争巡演中许多没有记录的演出画面:沙地上的吉他盒上用粉笔写着马蒂的名字,属于马蒂·卡斯皮;科恩的军装;蜷缩在歌手身边的士兵。

以撒蹲在科恩身边时拍下了他的照片。另一名士兵亚科维·多伦(Yakovi Doron)拍摄了最棒的照片,他站得比较远,拍到了整个场景。多伦是一名炮兵观测员,从山上赶下来。在山上他一直给那

些向下方埃及人投掷炮弹的大炮发射坐标。³

在这个画面中，沙龙将军在科恩的左边，与站在歌手后面的罗维纳说话。多伦告诉我，这张照片显示了演唱会的情况，但没有体现他们在沙漠中的情况。在见到科恩之前，他遇到了一支刚刚在战斗中被歼灭的埃及人部队，其中有十几个或二十个人躺在一辆烧毁的卡车附近。他仍然记得那种味道。他拍了几张照片，因为他想记住这一切的可怕。那些照片是用他拍摄演唱会照片的那卷柯达克罗姆胶卷拍的，但他不知道那些照片现在在哪里。

卡斯皮旁边戴着犹太圆帽、手摸着嘴的士兵是伊莱·克劳斯（Eli Kraus），当时21岁。⁴他回忆说，在科恩出现的那天，军事行动暂停了。有人传来消息说，艺人已经设法到达了他们的营地。许多士兵都累得起不来了，很多人也不想听音乐。伊莱隶属于沙龙总部，是一个由军队拉比领导的安葬小组的成员。该小组的工作是到战场上把死者带走。他去过"中国农场"战役*——这场战争中最糟糕的战役之一，也经历了对运河渡口的轰炸。有一次，他开着吉普车连夜从前线穿过西奈沙漠，回到他在以色列南部的基布兹，去看他的妻子。他们已经结婚5个月了。路上，在离家不远的另一个基布兹外，他在一个军队的墓地停下来，放下他放在后座的一具尸体。伊莱听到歌手们过来的消息时走过去看了看。他不知道莱昂纳德·科恩是谁，但他认出马蒂·卡斯皮后很兴奋。一位军队的摄影师捕捉到科恩，这一次，他在观众里。

---

* "中国农场"战役是赎罪日战争的一部分，发生在西奈半岛的埃及农业研究站。以色列军方称该地区为"中国农场"是因为他们将机器上的日语文字误认为中文。

科恩是这样描述的：

29. 我们驶向伊斯梅利亚（Ismailia）。我们在最靠前面的阵地上停下来。沙漠中，坦克是唯一的建筑。我被介绍给一位伟大的将军，"沙漠之狮"。我对他的活力表示敬意，然后在心中默然问道："你怎么敢？"他并未悔改。

30. 人们在我们周遭围成一圈，我们为他们歌唱。

沙龙的名字"阿里埃勒"的意思是"上帝的狮子"。在手稿中的另一处，这次遭遇有一个略微不同的版本。

我被介绍给一位伟大的将军，"沙漠之狮"。我低声问他："你怎么敢？"他并未悔改。我们坐在沙地上，在坦克的阴影下喝了一些白兰地。我想得到他的职位。[5]

目前还不清楚沙龙是否知道科恩是谁，或者是否在意此事。这段插曲没有出现在他的回忆录中，他的儿子吉利德（Gilead）也不记得他的父亲曾经提过。

在观众席上，与沙龙和其他人一起欣赏歌曲的是刚从战场上下来的帕齐，他没有像将军一样指挥作战，而是亲身去打仗。在这一刻，他和科恩是人类的两个原型，或者说是我们本性的两面——

"战争之人和和平之人"。就像《以撒的故事》的歌词一样。对自称"战地指挥官科恩"的歌手和他的乐队"军队"来说，战争是一种隐喻或一种讽刺；而对那个金发的战地指挥官来说，战争是鲜活的恐怖和真实的死尸。敌人和战友都躺在附近的沙地之中。诗人，是美的鉴赏家和道德的鉴赏家；而另一位则采用暴力来制造安全的泡沫。在这些泡沫中，诗人可以对这些行为视而不见，甚至谴责那些不得不采取这些行动的人。

"以色列，还有你们这些自称为以色列的人，"科恩10年后在《慈悲书》（*Book of Mercy*）中写道，"自称为以色列的教会，自称为以色列的起义，以及每一个被选中成为民族的民族——这些土地都不是你们的，你们都是圣洁的盗贼，你们都在与慈悲交战。谁会说呢？"这本诗集囊括了他对《诗篇》的看法。他以一种预言式的愤怒发问，而且没有用那种能让他的大多数言论被容忍的自嘲方式。科恩可能会否认这首诗有什么政治语境，但这首诗是在1982年黎巴嫩战争之后发表的，当时以色列的形象变得更像歌利亚而不是大卫，并且西方左派开始严肃地反对它。"因此，你们统治混乱，你们举起没有权威的旗帜，仍活着的心憎恨你们，慈悲的残骸也羞于看你们。"他继续说，为自己鼓劲。就在战争发生的前几年，作为蒙特利尔的一位年轻的反叛诗人，他谴责了犹太教堂的空洞仪式，现在又在谴责犹太国家的空洞政治。这位预言家说："你在你脆弱的盔甲后面腐烂，你的臭味让你警觉。"上帝很生气，"因为你不与你的天使搏斗。因为你胆敢抛弃上帝而生活。因为你的懦弱使你相信胜利者不会变成残废"。

帕齐对战争怀旧或军事历史没有什么耐心。如今，这位战地指挥官并非一个含泪回忆过去的人，不难想象他在80岁时也能接管一个步兵连。他说，几十年后，坦克连去哪儿的问题已经无关紧要了，哪个司令说了什么话也已经无关紧要了。在1973年那一天之前，他从未听说过莱昂纳德·科恩，现在也不听他的音乐。所以我很惊讶地听到他说，在战场上看到科恩对他来说意义重大，而且他从未忘记此事。

在解释我所写的内容时，我曾犹豫过，害怕他把这个想法当成轻浮的东西而不予理会。相反，他说他认为这是唯一值得写的关于战争的事情。

这位老兵说，在非洲的那个下午，那时战争已经进入最后一周，在经历了许多恐怖之后还将经历更多恐怖之前，"让我非常感动的是，这个犹太人蜷缩在一把吉他前，安静地坐在那里为我们演奏。我问他是谁，有人说他来自加拿大或只有天知道是哪里的地方，他是一个来提振战士们精神的犹太人。那是莱昂纳德·科恩。从那时起，他就在我心中占有了一席之地"。

第二十一章　528号雷达站

科恩下一次出现是在沙姆沙伊赫机场，靠近在战争第一夜就被埃及导弹摧毁的那个雷达站——它还被搞错情况的以色列坦克攻击了。雷达站的姑娘们，也就是本书开头出现的那些人，现在都在跑道边的小屋里，努力不去想她们朋友的情况。雷达站被占领，妇女被强奸的谣言仍在流传，甚至传到了她们的家人那里。这不是真的，但7名士兵被杀是真的。他们的家人并不都知道这一点。死了如此多的以色列人，以至于军队的殡葬业务和通知机构都不堪重负。[1]

一位留着金色长发的流行歌手米里·阿洛尼（Miri Aloni）和其他几位乐手来到机场，演奏了《和平之歌》（*Song for Peace*）。这是一首希伯来语抗议歌曲，有如下歌词："别回头/让那些已走之人去吧。"这让雷达站最年长的女孩普尼娜非常生气——怎么能说出"让他们去吧"？她在哨所里给3个朋友分了几片乳酪蛋糕，分开后，就再也见不到他们了。这些表演者根本不知道士兵们经历了什么。她从未原谅过米里·阿洛尼。

鲁蒂，那个负责电话总机转接的受欢迎的女兵，黑发诗人多伦的朋友，一直在接多伦母亲和妹妹的电话。随着时间的推移，他们变得越来越激动。根本没人给他们通知，而机场的总机号码是他们知道的唯一的号码。他在哪里？

她按照指示回答：他现在不在那里。但她会让多伦知道家里来电话了。她说了一遍又一遍，直到有人通知他们（肯定是这样的）才停下来，因为他们不再打电话过来了。

鲁蒂一直在写日记，用军队发放的明信片给父母寄信。这些明信片上有令人振奋的漫画，与战争中实际发生的事情无关——表情得意的以色列士兵像哥斯拉一样在叙利亚首都大马士革上空掠过，或在绞肉机中搅拌阿拉伯军队。鲁蒂形容年轻时的自己是"非常军国主义的"。她相信以色列国防军。她写了乐观的留言，让她的父母放心。

> 我没有什么可写的。我们正在努力工作，几乎不眠不休，但自我牺牲的感觉非常好，我们不觉得累。总的来说，你们没有什么可担心的。你们必须相信士兵和飞行员，相信这个特别棒的军队。事情会好起来的，我保证！

前一天晚上，她在日记里写道：

我想念那些被杀害的人。

在另一张明信片中,她告诉她的父母。

我忘了告诉你们,就在我办公室的旁边,有一架米格-17战斗机的巨大尾翼。

这是在战争第一天的混战中被击落的敌机之一。

我有一台从家里带来的相机,我们打算在米格战斗机旁边用各种姿势拍照片,做这些事情、看到这样的东西对我们来说简直是最大的满足。我看到飞机时做的第一件事就是向它吐口水。顺便说一下,埃及飞行员的尸体就躺在基地附近,它……

军事审查员把几个字涂黑了,那几个字她认为是"碎成了一片片"。最后一行写道:

今天莱昂纳德·科恩在这里演奏。

鲁蒂的明信片日期是10月20日,即战争的第15天。事实是,鲁蒂并不在意莱昂纳德·科恩。她对那些几乎每天都要经过基地的以色列明星们更感兴趣。但是，在亚克力桌子上抄写诗歌的雷达操作员奥利，一听说科恩来就非常兴奋，争着要翘班，以便能见到他。

基地的大厅可以容纳大约200人，当时已经挤满了人。奥利被迷住了。这是她第一次看到像科恩这样有名的人，一个高不可攀的人，从美国远道而来。她说："他有一种魅力，令人无法抗拒，我认为女人根本无法抗拒它。他身上有一些东西，一些黑暗和神秘的东西。"

她对科恩最鲜活的记忆不是来自演唱会，而是来自她在女兵营房的床。那是一张军队发放的简易铁床，她在床的上方贴了几首雷切尔的诗和一幅以色列共产主义画家露丝·施洛斯（Ruth Schloss）的母子图，这张图是她从一本书上剪下来的。

那天下午，基地的一位军官塔米（Tammy）来找她，问科恩在演出前可以在哪里休息。"我很想让他睡在我的床上，"奥利告诉我，"不是和我一起，而是让他在我的床上睡。我不在。"她假装漫不经心地把自己的床贡献出来，这样其他女孩就不会懂这件事对她的意义，所以就不会有人撬走科恩让他睡在她们自己的床上。她和塔米带来了干净的床单。

她看到莱昂纳德·科恩的头在她的枕头上，在母子图下面。奥利当时19岁，在她讲这个故事的时候已经是祖母了。"我不想让其他女孩知道我的床上有谁，"她说，"我的耳畔有他的歌声。"

第二十二章　拔示巴

沙姆沙伊赫机场旁边有个停泊地，停着几艘海军炮艇和登陆艇，其中最大的一艘曾经过着另一种生活——沿着东非的河流运送矿石。它有一个与众不同的名字——"赞比亚挑战"（*Zambia Challenge*）。后来以色列海军买下这艘船，将其整修为运载坦克和步兵的登陆艇，并给它起了一个新名字，但不像是战争中会用的名字。他们叫它"拔示巴"（*Bathsheba*），这是《撒母耳记》中一位女性的名字，大卫王曾在屋顶上看她洗澡，然后爱上了她。后来科恩的歌曲《哈利路亚》中也重述了这个故事。战前三年，拔示巴号上一辆满载炸药的卡车爆炸，造成24人死亡，这艘船因此臭名昭著。此后一个月，拔示巴号在埃拉特（Eilat）港差点被埃及特务潜水员（蛙人）用磁性地雷炸沉。但它还是幸存了下来，并且在赎罪日战争中成为一项危险任务的核心。

沙姆沙伊赫现在已经不是人间天堂。埃及人在狭道上布雷，苏伊士湾发生了战斗。两艘以色列炮艇袭击了海湾另一边的埃及停泊地，击沉了几艘敌船，回来时有几名水手受伤，一人死亡。停泊地的一名中尉莫蒂（Motti）记得，[1]他在码头上看到了一名裹在毯子里的士兵。这名士兵叫赫茨尔（Herzl），当时18岁。[2]直升机不愿意载他，因为那里只容得下伤员。赫茨尔就在那里躺了一会儿。莫蒂自己的炮艇上有一名水手，他的兄弟刚刚在西奈半岛的其他地方与步兵作战时被杀，除了他，所有人都知道此事。他们在海上、在苏伊士湾来来回回时，没有人告诉这位水手这个消息。他们假装什么都没发生。当他们几天后靠岸时，莫蒂才把他拉到一边。那孩子问大家知道多久了，莫蒂扭过头去。他只有21岁，并没有受过"接受亲人离去"这方面的训练。这就是那几周在沙姆沙伊赫的一个年轻海军军官的生活。

另一位年轻军官罗尼（Roni）指挥着一艘较小的登陆艇，正忙于为代号为"绿光"的大规模行动做准备。[3]这将是一次穿越苏伊士湾的突袭：拔示巴号和小型船只将穿越水道，在埃及一侧登陆，投放一个旅的伞兵和一个营的装甲部队。必要时他们将模仿诺曼底登陆时奥马哈海滩的情况，然后在埃及军队身后登陆，那些埃及军队此时正面临着沿苏伊士运河过来的以色列人。这是一个颇具创造性的危险想法。大部分进攻部队会在拔示巴号上，而这艘船是一个庞大笨重的攻击目标，一发炮弹就能把它击沉。如果埃及军队正等在海滩上，他们可能无人生还。

罗尼的另一个中尉朋友约拉姆（Yoram）作为联络官随步兵登陆。这可不是一份令人羡慕的工作，也不是约拉姆应当去做的。[4]他的婚礼原定于10月9日星期二举行。但是，10月6日发生了突袭，新娘约基（Yoki）看到她的未婚夫和其他年轻人一起消失在军队中。他们在一起三年了，恋情始于海法彗星电影院的约会。约基已经不记得电影的内容了，只记得他的手放在她的肩膀上。

约基自己也被征召到以色列中部的一个后勤基地。第一周她没有接到任何消息。那时候不像今天这样，大多数士兵都没有办法与家里联系，得到消息的时候可能人已经死了好几周。约基的表弟在运河上受伤并被送往医院，家人听到这个消息后反而松了一口气，因为这至少证明他还活着。

战争的第二周末尾，约基仍然没有约拉姆的任何消息。她无法忍受这种心如刀绞的感觉。她以为他们会结婚，却对他的命运一无所知。她决定去找他。

她让父母开车送她到特拉维夫的斯德多夫（Sde Dov）机场。她央求登上一架军队运输机，军方让她坐在停机坪上一辆小卡车的后斗。卡车开上坡道，进入"大力神"运输机，坡道关闭，在微弱的机舱灯光和发动机的轰鸣声中，她在卡车后斗的长椅上坐了一个小时。

大约在一天之内，拨示巴号上接连出了两个意外。

第一个意外：露天甲板本应装载着将要入侵敌方海滩的坦克，却成了莱昂纳德·科恩演唱会的场地。船员们不记得是谁把他带来的。他突然出现，带着一把吉他。看来他很可能是从附近的机场过来的,在那里他睡过奥利的床。船上有人拍了一张科恩在阳光下的照片,他站在中尉罗尼旁边。

第二个意外始于约基抵达停泊地,寻找她的新郎。他不在那里,但有人告诉她,他还活着,正在苏伊士湾巡逻。

然后基地里有人决定让约基和约拉姆立刻结婚。没有经历过战争的人觉得他们还有的是时间,但在沙姆沙伊赫的那几周让大家意识到不能再等下去了,是时候该举行婚礼了。

厨师们准备了一些三明治。有人找到了一瓶酒,还有人当场制作了一个婚礼顶篷。可能是天意垂怜,海军的拉比当时也在基地,于是派上了用场。喇叭通知所有人员在码头集合,登上拔示巴号。所有人都来了。

在海上，约拉姆不知道约基已经设法来到了西奈半岛的南端，也不知道他马上要结婚了，直到他到达海军停泊地时才发现这一切。有人急忙把他带到军需官的储藏室，给他拿来了干净的军装。在女兵宿舍里，人们想让约基穿上漂亮的便服，但她还是穿着自己的军装——深绿色裤子和卡其色衬衫。停泊地里的所有船只都吹响了号角，她没有直接从码头登上拨示巴号，而是坐着一艘汽艇出发。

约拉姆和约基在甲板上重逢。甲板本应放着坦克，那里曾经是弹药卡车爆炸的地方，当下是科恩演唱会的现场，他的演唱会大约与婚礼是在同一天，虽然不清楚谁先谁后。在为"绿光"行动做了万全准备之后，任务被取消了，约拉姆也没有像在奥马哈海滩那样与部队一起登陆。演唱会和婚礼最终成为那场战争中拨示巴号上最重要的两件事。

仪式结束后,拉比告诉他们,他们必须在一起过夜——这是犹太律法规定的,决不能有一丝违背。但他们回到约拉姆的房间时发现另一名水手在一个铺位上睡着了。他刚下班,疲惫不堪,没有什

么理由必须要叫醒他，所以他们就让他继续好好睡了。最后，约拉姆回到了海上，约基在第二天早上乘飞机走了。他们下次见面是在3个月后，但从那时起他们就再也没有分开过。现在他们有3个孩子和7个孙子。

第二十三章　顺其自然

以色列人说"赎罪日战争扼杀了手风琴",他们要表达的意思是战后的音乐和文化与战前有所不同。战争使旧的政治领导层、社群的"我们"、官方民歌和劳军娱乐团的音乐等全部名声扫地,但这并不是马上就发生的。在战争中写出的两首流传最久的歌曲仍然是旧风格的:一首试图对事情进行喜剧化的描述,另一首给大家带来安慰和希望,盼着好日子。这两种方式都是必要的,而目前这种必要性都被低估了。第一首歌曲《寄内衣内裤》(*Send Underpants and Undershirts*)是一首有趣的歌,讲述一名士兵给他的女朋友一张清单,让她给在前线的他邮寄物品,向她保证他和他的朋友们"像狮子一样战斗",等他回家后他们就结婚。作为一首与黑暗事件如此格格不入的轻松歌曲,《寄内衣内裤》令人印象深刻,直到现在仍然很流行。[1]

第二首歌曲《希望如此》(*Lu Yehi*)不仅成为战争中的圣歌,而且是以色列历史上最受欢迎的歌曲之一。起初这首歌是《顺其自然》(*Let It Be*)的希伯来语版本,原词翻译后,配上了保罗·麦卡特尼的原曲。这首歌的作者是以《金色的耶路撒冷》而闻名的内奥米·谢默（Naomi Shemer），在以色列人心目中，《金色的耶路撒冷》这首歌已经与第三次中东战争的速胜、犹太人重返西墙和老城紧紧联系在了一起，具有类似于国歌的地位。而她1973年的歌曲，则是为一场全然不同的战争而创作的另一种歌曲。

谢默似乎将"顺其自然"这句话理解为"希望如此"——在希伯来语中便是"lu yehi"，成了一种祈祷，而不是让人什么都不干，放任事态。她的歌词严肃而悲伤，但也给了人希望的理由。在黑色的风暴云中，仍有一片白帆的剪影。安息日的蜡烛仍然颤动在夜晚的窗前。她为刚从预备役部队回来的丈夫演奏了这首歌。谢默后来回忆："他说'我不会让你把这首歌浪费在外国旋律上——这是一场犹太战争，所以要赋予它一个犹太曲调'。"[3]在战争期间的一个晚上，有人安排谢默在电视上唱歌，她在出租车上练习旋律，然后在录音室里演唱了这首歌。在她本人到达西奈半岛前线前，许多士兵已经听过这首歌，并且能跟着唱。

在那时，这首歌似乎产生了显著的效果，在建国一代的强硬形象中凿开了一道缝隙。例如，谢默曾在一个于战争中失去了8个年轻人的基布兹唱歌，基布兹成员们在餐厅里围着她的钢琴坐了一圈。在此之前，这个名为哈伊姆山（Giv'at Haim）的基布兹从未有人公开表达过悲痛。这些人刚从欧洲的灾难中走出来，在长期困苦中建立了一个犹太国家，所以他们不喜欢多愁善感和自怨自艾。谢默演奏

《希望如此》时，一名基布兹成员开始哭泣。这个基布兹里第一次有人当众流泪，第一次发生类似的事情。"这首歌给了人们哭泣的机会和权利。"[4]

10月底停火后，以色列参谋长大卫·埃拉扎尔中将（Lt. Gen. David Elazar，也被大家称作达多）来到他秘书们的办公室拿文件。秘书们打开了收音机，他听到了《希望如此》，这显然是他第一次听到这首歌。[5]在前三周的灾难之中，在其他指挥官和政府部长都丧失理智时，达多一直保持着冷静。总理果尔达·梅厄称他为自己的"岩石"。战争期间，科恩给他的妹妹寄了一张明信片，明信片上有一面是样貌粗犷的达多。[6]他穿着一尘不染的制服，粗壮的手指扣在办公桌上，给人这种感觉——国家的安全得到了良好的保障。之后达多因战败而受到指责，被迫黯然退伍。

据他的传记作者说，当达多在秘书室听到这首歌时，他呆立听着。然后，他忘记了要来取的文件，匆匆回到自己的办公室。一位秘书跟在他身后，震惊地看到将军在办公桌前抱头啜泣。

战后出现的音乐较少关注精神慰藉或军队士气。这些音乐往往是关于个人和灵魂的。诗人兼歌手梅厄·阿里埃勒（Meir Ariel）是新流派中最有才华的成员，也许是唯一能与科恩相提并论的以色列艺术家。1973年，阿里埃勒曾经是运河上的一名士兵。当战争在苏伊士城上演最后的惨剧时，科恩来到了一两英里之内。

"我带着吉他去了'非洲'，"战后阿里埃勒告诉一位采访者,"但我并不完全确定人们会真的喜欢我的歌,或者说他们鼓励我只是因为他们没有其他娱乐。"[7]他形成了一种很亲切的风格,这后来成为他的标志,还有他那奇怪的、带着微笑的独白,这独白通常很清晰,但也并非一直如此。随着战争接近尾声,他的连队被安排在苏伊士城南部边缘的建筑里,靠近运河,是埃及第三军的包围圈的一部分。士兵们烤着肉,没完没了地聊天。他们看着以色列总统夫人寄给前线部队的杂志里的插页,他们称之为"正面照"。他们把伏特加和西柚糖浆混在一起,取名为"高爆鸡尾酒"。[8]有人看到阿里埃勒在地上拖着他的步枪,像抓着狗绳一样抓着枪带。[9]

每天早上,以色列电台新闻的播音员都会报道:"我们在苏伊士的部队度过了一个安静的夜晚。"阿里埃勒用这句话来命名他最好的歌曲之一,这首歌描述了一个士兵在某个夜晚的思维轨迹:他正在读海明威的《岛在湾流中》(*Islands in the Stream*);他总结了情节;他夸奖了希伯来语翻译;他喝着苹果茶,抽着烟。广播里播放着单调的流行歌曲。有个警报说一个敌人的小队已经渗透进来了。明亮的月光倾泻在苏伊士城和海上。一位朋友出现在岗位上,说:"你值完班了。"这就是整首歌的内容。没有英雄主义,没有死亡,甚至没有一场战斗。歌曲中所发生的一切基本上都在士兵的脑海中。这是最伟大的现代战争歌曲之一,是《金色的耶路撒冷》的反面。没有军队,没有国家,没有理由,没有意义,只有战争中的人。

我们能知道科恩在这期间就在苏伊士城附近，这要归功于雅各布·埃尔·哈纳尼（Jacob El Hanani），他现在是纽约一位卓有成就的艺术家，但当时他只是预备役部队的一名27岁的技术员。[10]雅各布已经几周没有洗澡了，他的头发像稻草一样竖了起来。他住在一个废弃的化肥厂里，这是一个由混凝土塔楼组成的末日迷宫，里面的房间已经成为营房和临时厕所。不久前，他还睡在纽约曼哈顿苏豪区（SoHo）一张肮脏的床垫上，尝试画画。在此之前，他一直在巴黎，吃廉价的路边摊，追逐一个已不存在的艺术场景，因为所有重要的人都去了曼哈顿。在圣米歇尔大道和圣路易岛，他发现了科恩的音乐。科恩的音乐在美国仍然被认为是一种后天培养的品味，直到他生命的最后几年都是如此，但在法国，他们说在那些日子里，如果一个女孩只有一张专辑，那一定是科恩的。

战争爆发后，雅各布努力争取坐上飞机，最终到达苏伊士。他记得晚上要花好几个小时站岗，听着那些不祥的声音，看着奇怪的身影飞快地掠过。周围有埃及士兵、逃兵和试图越过防线的散兵游勇。有一天晚上，雅各布所在部队收到了攻击即将到来的情报，他和战友们在化肥厂的窗户前站好，聊着埃及人非常绝望以至于要用毒气的谣言。

什么都没有发生，相反，另一个晚上的同一时段，雅各布部队的一名年轻司机带来了一个消息。这个名叫耶胡达（Yehuda）的士兵是个可怜人，刚从高中毕业，[11]军队就把他抓过来扔到了这里。耶胡达想回家。雅各布听到他一遍又一遍地说："我只是个孩子。"好像重复着这些话就会有用似的。这孩子晚上不想起来站岗,有一次,老兵们不得不抓起他的行军床把他扔在地上。耶胡达带来的消息是:科恩来了,大家都必须来。

雅各布和其他人都不知道他说的是谁。那孩子也不知道,他只是得到了这个消息,自己也不明白什么意思。以色列有一半的人都叫科恩,即使他说了莱昂纳德也没有什么意思。部队大约有80个莱昂纳德,他们中的一些人说的是以色列贫困地区粗俗的希伯来语,有人会说罗马尼亚语,也许还有人会说阿拉伯语。雅各布来自卡萨布兰卡的一个中产阶级家庭。他的战友们听到他在电话里和母亲说法语时,都嘲笑他装腔作势。据他所知,没有人讲英语。

命令指示他们在附近一个被毁坏了的圆形剧场集合,圆形剧场位于一个废弃度假村,那里曾经接待在苏伊士过冬的游客。士兵们被警告不要将手电筒照向空中,以防有敌机在空中盘旋,并且在化肥厂周围的小路上要小心,因为这个区域到处都是未爆炸的弹药。他们在抱怨:谁想去听科恩?谁是科恩?士兵们已经被迫看了好几个劳军娱乐团的表演,那些试图提高士气的乐手们,据雅各布回忆,唱的是"希伯来语的啦啦啦"。他们对此感到厌烦。其他几个部队的人也被召集过来,雅各布到达时,露天剧场里有大约250名士兵。

一个劳军娱乐团演唱了几首没让人留下什么印象的歌后,莱昂纳德·科恩带着一把吉他独自走上舞台。雅各布将科恩与巴黎的咖啡馆生活联系起来，与他自己的艺术生活联系起来，这是在苏伊士运河岸边无法想象的行星上的生活。科恩不可能在这里。

就像他在所有西奈演唱会上所做的那样，科恩演奏了《苏珊》《再见，玛丽安》和《电线上的鸟》，这些是他最为人熟悉的歌曲，至少那些对他的歌曲有所了解的人是这么认为的。但在这场演出的观众里很少有这样的人。那些年长的预备役军人，也就是那些40多岁的人，从来没有听说过他。一些年轻的人听说过，但即使是他们，也只是知道他的名字而已。我们知道，以色列的"莱昂纳德·科恩"——梅厄·阿里埃勒就在附近，在他的伞兵连那里。没有证据表明阿里埃勒去过这个演唱会。但我们很容易想象他们两个人在一起。科恩在舞台上，阿里埃勒在后面听着，抽着烟。他们会如何看待彼此——两位罕见的天才诗人同时出现在最不可能出现的地方？

演唱会的时间很短，因为这么多士兵在离前线这么近的室外集结很危险。科恩唱完后，被护送着离开了，各个部队也都解散了。士兵们沿着险峻的小路往回走，避开到处都是的爆炸物，在水泥房里睡觉，等待战争的结束。在他们等待的时候，耶胡达，那个被派来叫他们去见科恩的孩子——他不知道谁是科恩，也不知道他自己在这里做什么，结果碰到了地上不知是什么的东西被炸得粉碎。他当时只有18岁。

大约在那个时候,停火谈判开始了,然后停火协议又被撕毁。基辛格往返耶路撒冷和开罗传话。奥什克听到科恩说:"只要政客们在,我就不干了。"[12]在苏伊士城,军队在最后一刻决定从郊区向城市推进,将装甲坦克和伞兵布置在主干道上。这大大低估了埃及军队,好像前三个星期的教训根本没有发生过一样。车队遭到了伏击,几十名士兵没能等到救援就已死去。雅各布可以从镇外的化肥厂听到战斗的声音。

科恩临时乐队的乐手们对这次袭击的描述有自相矛盾的地方。据奥什克说,部队登上"大力神"运输机飞往苏伊士的时候,他们正在一个机场里演奏。他站在飞机旁边唱歌,记得普皮克和他在一起,但科恩不在。"我们被困在机场,"他说,"那天晚上,被派出去的士兵回来了。如果没有看到他们就好了。"乐手们放下乐器,带着担架从直升机跑向野战医院运送伤员。

马蒂·卡斯皮描述了一个几乎相同的场景,在一个空军基地,但他的记忆之中是一个星期前,并且科恩也在场。他写道:"我记得一个超现实的画面。一架'大力神'运输机降落,几十名士兵走下飞机。有人下了命令,他们坐在停机坪上,科恩演奏了《电线上的鸟》,卡斯皮为他伴奏。当歌曲结束时,士兵们坐上了前往苏伊士运河的卡车。另一架'大力神'运输机载着士兵降落,他们又一次演奏《电线上的鸟》。就像一条流水线。"[13]卡斯皮回忆说:"我们整天站在那里,莱昂纳德给降落的士兵唱这首歌,然后士兵们就上了卡车。"当天晚上,乐手们乘坐卡车穿过运河,最后开始用担架搬运受伤士兵,把他们送进直升飞机。他们意识到,这些人是他们当天早些时候的观众。

每当这种情况发生时,科恩都会崩溃:

28. 直升机降落。在大风中,士兵们急于卸下伤员。直升机里面载满了受伤的人。我看到他们的绷带,忍住哭泣。年轻的犹太人正在死去。然后有人告诉我,这些是埃及的伤员。我的欣慰之情让我吃惊。我讨厌这样。我讨厌我的欣慰。这不能被宽恕。这是你手上的鲜血。

第二十四章 战争是一场梦

在离开以色列前，科恩回到了特拉维夫。他花了几天时间来整理自己的思绪，使自己解脱出来。据他的手稿，在这段时间里，他有条不紊地违反了自己在飞机航程中立下的禁止三心二意的誓言——在加德酒店的8号房和一个女人，然后在海滩上，然后又在8号房和另一个女人。

33. 我在特拉维夫的咖啡馆里闲逛了几天，直到把自己弄得恶心。

34. 我决定离开以色列，但我必须先去耶路撒冷。我将步行到耶路撒冷。我在特拉维夫的郊区迷路了，发现自己又回到了那条满是咖啡馆的街。

他放弃了步行去耶路撒冷，改坐公共汽车。他最后一次与阿舍和玛戈利特相聚——就是他在飞机上遇见的那对夫妇。这对夫妇代表了对此地、对这个部落，以及对彼此的承诺。玛戈利特的漂亮妹妹也在那里。晚餐时阿舍继续他们对话的主题，"你必须决定，是做一个淫棍还是做一名祭司"。科恩不想成为一名祭司。

耶路撒冷市中心一家鹰嘴豆泥店的老板梅厄·米哈（Meir Micha）记得他在街上看到过科恩。[1]当时梅厄也刚从前线回来，他认出了科恩，因为他曾在西奈半岛看过他的演出。梅厄不记得他唱了什么，只记得他抽的是"吉卜赛女郎"（Gitanes）香烟，蓝色的，没有滤嘴，"一支有深意的香烟，艺术家的香烟"。11月初，耶路撒冷变得很冷。石灰岩建筑在雨中闪闪发光。他记得科恩一个人走着，双手插在长外套的口袋里。梅厄很害羞，不敢接近他。但其他人做到了，正如科恩所写："人们在这里拦住我，感谢我，告诉我永远不要离开耶路撒冷。"但他当然还是离开了。

他回来后创作了那份文学手稿，结尾是他和苏珊以及他们的孩子回到岛上的白房子。"这就是故事的结局。"他写道。

……她并未透露自己是如何变得美丽的，好像我知道似的。风不断地拍打着我的百叶窗，把它吹开，以便把我在餐桌前的可悲景象暴露在夜色中。有两次我只得把一只瘦狗从垃圾堆里赶走。这是一个惨烈的夜晚。毫无疑问，月亮将在云层中幸存。就像大脑能够变得清醒一样，她已经变得美丽。就像战争是一场梦，受伤的人不记得为何受伤一样，她已经变得美丽。

这份手稿没有出版，甚至没有完成。此后，科恩便很少提及战争。据他的密友、美国作家利昂·威塞尔蒂尔（Leon Wieseltier）说，这种沉默不仅是他在采访中的特点，也是他在私人谈话时的特点。"莱昂纳德谈到了他最私人的经历，但从未谈到他的公共经历，"威塞尔蒂尔说，"他从不谈及他对公共事件或历史事件的参与。"[2]他认为，原因是"这听起来会显得很虚荣"。这听起来没错，尽管答案也可能是，他认为自己的诗歌会因为与真实事件的联系而被削弱。也有可能是因为科恩在战争中出现在以色列一方，这与他希望独立于战争双方的愿望相矛盾，也与他对以色列政治纲领的怀疑相矛盾——"只是这遵照谁的意愿？"而且，在战后的几年里，人们对以色列的态度确实在发生变化，部分原因在于它获得了胜利。以色列刚刚以巨大的代价取得了胜利，这让人不那么同情它了。政治形势也变得越来越诡谲。

唯一就此话题发表过有意义内容的采访者，是英国音乐作家罗宾·派克（Robin Pike）。在不到一年后的1974年9月，他在伦敦见到了科恩。

派克：你提到在上次战争时你回到了以色列，还唱了歌。你能详细说说吗？实际上你是如何参与进去的？

科恩：我只是加入了一个空军劳军娱乐团。我们会随机造访一些小地方，比如火箭弹发射点，他们会用手电筒照着我们，我们就唱几首歌。或者他们会给我们一辆吉普车，我们就沿着公路向前线走，无论在哪里看到一些等直升机的士兵，或者类似的情况，我们就会唱几首歌。也许回到空军基地，我们会搞一个小演唱会，也许用扩音器。那是很不正式的演出，安排也非常紧凑。在哪里看到士兵，都会停下来唱歌。

派克：这让我觉得相当危险。你自己从来不会因为可能被杀而担忧吗？

科恩：有那么一两次。但你会被环境吸引。沙漠很美，有那么一两个时刻，你会觉得自己的人生是有意义的，战争是美好的。人们永远不会消灭战争。这是少数几个能够表现自己最好之处的时候。人们的姿态或动作是如此简单浓缩。每一个手势都是精确的，每一次努力都用尽全力。没有人敢胡闹。每个人都要对他的兄弟负责。社群、亲属和兄弟关系的感觉，奉献的精神。你有机会感受到在现代城市生活中根本无法体会到的东西。

派克：非常令人印象深刻。它对你的写作有什么启发吗？

科恩：有一点，但也没什么。我在那里写了一首歌。

派克：在过去的战争中，人们在战争后或战争期间写出了伟大的作品。

科恩：我没有遭受足够的痛苦。我没有失去我认识的人。[3]

一个月后,在巴塞罗那的一场演唱会后,科恩与西班牙作家霍尔迪·塞拉·依·法布拉(Jordi Sierra i Fabra)交谈,这个话题再次被提及。这次,他没有那么多耐心。

法布拉:为什么你在演唱会结束时行军礼?为什么你在每场演唱会后都要这样做?

科恩:因为我不认为自己是平民。我认为自己是个军人,军人就是这样敬礼的。

法布拉:但是……军人?你在什么意义上是军人?

科恩:这个问题就留给你想象吧。我是一名士兵。就是这样。我不想谈论战争或阵营什么的。

法布拉:尽管如此,《爱人爱人爱人》是献给你在阿以战争中的"兄弟"的,而且,你当时就在那里,为他们唱歌。这表明你站在一个阵营里,而且在某种程度上为这个阵营而战。

科恩:个人的经历是一回事。这是血缘,是一个人对根和起源的认同感。我作为一个人所实践的军国主义,是不同于作为一个作家所实践的军国主义的。

法布尔:但你关心战争,为此,你关注战争双方是合乎逻辑的。

科恩:我不想再聊战争了。[4]

此后，科恩在采访中几乎没有提到这段经历，也没有评论这段经历对他意味着什么。想得到科恩对此事的暗示，需要足够关注他的作品，注意到10年后出现在专辑《多重立场》（*Various Positions*）中的那首《夜幕降临》（*Night Comes on*）。10年后，科恩似乎已是明日黄花，他的美国唱片公司甚至不屑于发行这张专辑，尽管该专辑不仅有经久不衰的《与我舞至爱尽头》（*Dance Me to the End of Love*）和可能是他最棒歌曲的《如主所愿》（*If It Be Your Will*），以及《哈利路亚》（*Hallelujah*）——史上最火的歌曲之一。

《夜幕降临》中的每一节都指出了诗人个人经历中的某个阶段：几年前他母亲的去世，不快乐的家庭生活，他的孩子奇迹般的到来。这首歌讲述了科恩与他最亲近之人的亲密生活。他在被白雪覆盖的他母亲的墓前，与她谈话之后：

我们曾在埃及奋战，就在他们签下协议时

预示着没人再会死去

一个恐怖的声音响起，父亲瞬间倒地

身受重伤

他说，继续战斗，拿起我的书，扛起我的枪

儿子，要记住，他们是如何撒了谎

我想假装父亲错了

但你不想撒谎，不想对孩子撒谎

内森·科恩作为一名中尉参加了世界大战，是加拿大军队中第一批被任命为军官的犹太人之一。他在儿子9岁时就去世了，莱昂纳德·科恩确实很珍惜父亲的书和枪，一把点38左轮手枪。内森的死亡是在参战归来多年后，原因是疾病。但在这里，科恩把父亲的死与"我们"在埃及参与的那场战争联系在一起，他似乎认为，那场战争值得列入他家庭生活中重要事件的简短清单里。

几十年后，当科恩的传记作者西尔维·西蒙斯在编写她2012年的书《我是你的男人》时，她问了科恩关于战争的问题。科恩当时已经70多岁了，已经没那么有戒心了。那时，他第一次也可能是唯一一次阐明了1973年10月事件对他的重要性。这些话没有被写进已出版的传记中，西蒙斯非常友好地允许我在此发表。

"你似乎被暴力所吸引。"她对科恩说。

> 西蒙斯：有时你似乎在寻找一场战争，比如你的古巴之旅，或者你想在赎罪日战争中加入以色列军队。
>
> 科恩：是的，我是这样的。只是因为懦弱感促使人们对抗对自身本性最深刻的理解，他们把自己置于危险的境地。
>
> 西蒙斯：作为一种考验？
>
> 科恩：某种考验，希望能对抗自身最深的信念。

西蒙斯问到此事对他之后生活的影响时，他说：

经历了这场对我影响很大的战争之后,我回到伊兹拉岛。在战后,在目睹身处战争的人们发生了什么事之后,我想我要试着做点什么,在这种情况下做点什么。有一个小孩子,在伊兹拉岛有一个美丽的房子,有苏珊,我们有一段故事。而世界上有那么多的死亡和恐怖,你知道吗?我要去照料这个小花园。小花园可能并不理想,花也可能不是我想种的那些,但那是我的小花园,我要竭尽全力。[5]

这可能就是科恩在手稿末尾写到他的妻子又变得美丽了的意思。战后一年,科恩和苏珊有了第二个孩子,是一个女儿,他们以西班牙诗人的名字给她取名为洛尔卡(Lorca)。

第二十五章　谁焚身以火

停火4个半月后,科恩笔记本上的一条日志写道,他正在阿斯马拉(Asmara)的一家酒店,该城当时属于埃塞俄比亚,现在属于厄立特里亚。他正在创作新的歌曲。他从来没有说过,正是他在西奈的经历,那些与观众亲密接触的演出,那些关乎生死的地方,使他恢复了对自己的信心;他也从没说过,他是否真的在以色列找到了他在手稿中所想象过的地方,一个他可以"重新开始"的地方。这样的解释不是科恩的风格。如果他在39岁时失去了创作的灵感,这并不令人惊讶——大多数歌手甚至连这个年纪都撑不到。独特之处在于他没有消沉,而是成功复活了自己。如果他在那一年淡出,我们就听不到《哈利路亚》、《颂歌》(*Anthem*)、《人尽皆知》(*Everybody Knows*)和其他许多杰作。如果这些歌曲没被写出来,所有受它们所触动的人都会变得不同。

在战争之前,他谈到了隐退,并说他想"闭嘴",而在战争之后,他发行了《为旧礼准备的新衣》(*New Skin for the Old Ceremony*)。翻阅科恩的小笔记本的乐趣之一,就是看到从他头脑中冒出的词语是如何逐渐为数百万人所知的，就像酝酿上述专辑的几个月里的这份草稿：

星期三

切尔西旅馆损毁了

我从未听你说过

我需要你

我不需要你

我需要你

我不需要你

还有周遭的花言巧语

不像他描述的在纽约与詹尼斯·乔普林（Janis Joplin）的那场著名邂逅，他那首关于8号房间的阿利斯的劣质诗歌从未被谱成音乐，加德酒店也从未取得切尔西旅馆的名气。特拉维夫的这间酒店已经消失多年，早已被人遗忘。

笔记本中有一页看起来像是日记的开头："帝国酒店，埃塞俄比亚阿斯马拉，1974年3月21日。"科恩记录说，他在意大利餐厅吃了一顿极好的午餐，之后他洗了自己的白衬衫，挂在阳台上晾干。他唱了一个小时的歌。"《切尔西旅馆》的前两节就可以了；删去第三节。"他租了一辆自行车，买了灰色的布料，准备在下个星期日之前做一套西装。到了下午4点,他的衬衫基本上干了,他把灰色的灯芯绒裤子浸湿,挂在晚风中。

然后,随着地理位置的混乱跳跃,这些词句出现了。

伊兹拉岛

1974年3月

而谁——我应该说是谁在召唤?

两页之后,歌曲的雏形出现了:

谁焚身以火,谁沉溺于水

谁亡于昼,谁逝于夜

谁葬身于严令,谁自误了性命

谁离去时身旁有爱,谁死于暴徒之手

我应该说是谁在召唤*

在另一处可以看到这个片段:

---

* 结尾处"call"一词,有"打电话"之意,也可理解为"召唤",意为神对世人生死的召唤。此处科恩用了一种戏谑的手法表达面对各种死亡方式的心态,反问神:打电话来的是哪位?

谁死于地震

谁死于心碎[1]

科恩是在讽刺《让我们述说力量》，这是在赎罪日诵读的中世纪祷文，出现在本书的开头，其中说人的生命"就如碎片，如干草，如枯花，如转瞬的阴影，如流散的云彩，如同微风吹去、尘土飞扬，如同梦境飘散"[2]。佛教经典中也有类似的描述，科恩也曾沉浸其中，如《金刚经》中的"一切有为法，如梦幻泡影，如露亦如电"。犹太教祷词继续列举了这些生命在来世可能的结局，这取决于人的命运在赎罪日是如何被裁定的——被火烧、被水淹、被兽咬，还是被剑刺。在1973年10月6日的警报声响起前不久，以色列各地的犹太教堂都还在唱这首祷词，它将成千上万的人送入火中或水中受死，像撕碎尘埃或梦境一样让这些人消散。其中一些人已经出现在本书之中。

这份古老的祈祷词在战后有了两个非凡的化身。科恩的版本《焚身以火》是其中一个。这首歌比原版祈祷词更有名。第二个版本起源于以色列北部的一个基布兹，战争仍然盘踞在此，正如一位基布兹成员所说，"像一片黑云一样"。[3]

来自贝特哈希塔（Beit Hashita）基布兹的士兵阿米凯·亚奇（Amichai Yarchi）在接受以色列电视台采访时说："战争结束后的几天，基布兹谣言满天飞。"[4]一开始有谣言说基布兹死了10个成员，后来有谣言说是11个。这似乎是天方夜谭，但在停火后，11辆小型军用卡车驶过基布兹的大门，虽然是白天，但车灯还亮着，每辆卡车上都有一口棺材。这些人是基布兹的下一代——年轻的工人，其中大部分是几周前刚从正常生活中应召入伍的预备役军人。在以色列，尤其是在这样的基布兹，许多人在1973年之前并不遵守赎罪日传统，他们认为自己这一代已经超越了古老的宗教。战后，基布兹的赎罪日变成了哀悼日。"我有两个赎罪日，"亚奇说，"一个赎罪日是战争爆发的那一天，另一个赎罪日属于幸存的以色列国民，代代相传。战争的赎罪日是一个时代的结束，也是一个新时代的开始，我认为贝特哈希塔和以色列仍未从中恢复过来。"

若说以色列的音乐界在战后朝着科恩的方向发展，远离集体，走向个人的灵魂，那么这个国家的精神生活也朝着这个倾向发展，放弃了国家创始人激进的世俗主义，转而对古老智慧敞开怀抱。曾与科恩同在苏伊士附近的歌手兼士兵梅厄·阿里埃勒出生在一个世俗化的基布兹，但他最终皈依了犹太教，并且像科恩一样，写出了只能被称为祷词的歌曲。其他一些人则完全离开了西方文明，进入了不折不扣的正统宗教世界，比如科恩的乐队成员，喜剧演员普皮克·阿尔农。莫迪凯·阿农拉比78岁时去世了，就在我在耶路撒冷的小公寓里采访他之后不久，他留下了6个孩子和21个孙子。

战后第17年，即1990年，以色列最有名的歌曲作者之一来到贝特哈希塔基布兹之时，此地的悲痛仍未消除。亚伊尔·罗森布卢姆（Yair Rosenblum）写了几十首热门歌曲，许多是为劳军娱乐团写的，都属于老以色列风格，这种类型的歌曲如今已经过时了。那年赎罪日临近，一年一度的乌云开始笼罩在山谷中那些简朴的基布兹家庭上空，他"决定为这个特殊的日子献上一些个人的东西，一些他自己的东西"，一位基布兹成员事后这样回忆。[5]

起初，他想为《我所有的誓言》（*Kol Nidrei*）谱新曲，这首祈祷词在赎罪日前夕的仪式上很有名，但其阿拉姆语的文本是律令式的，没法激励人心。然后他就想到了《让我们述说力量》，这也是启发科恩创作的祈祷词。这些词句与基布兹对赎罪日的态度相去甚远，自战争以来，基布兹成员一直将赎罪日作为冥想和纪念死者的日子，这些仪式与上帝无关，在此地，上帝并不存在已成为信条之一。而在祷词中，人类在作为牧羊人和正义的、令人生畏的审判官的神面前，是微不足道的。

作者的朋友米哈尔·沙莱夫（Michal Shalev）事后写道："亚伊尔读了这份祷词，知道这就是他所要寻找的东西。他彻夜未眠，等待着天亮，等待着房子里没有人的时候，等待着一个可以不受干扰的演奏机会。"沙莱夫在上午10点左右到达时，发现罗森布卢姆"边写边哭"。他为她演奏了一首融合了欧洲唱诗班旋律、塞法迪风格和现代以色列音乐风格的作品。"那是一个令人感到震撼和激动到无以言表的时刻。"

基布兹的一个成员有一副好嗓子，在那个赎罪日社区聚会时，他表演了新曲子。罗森布卢姆在一个无神论者的堡垒中毫无保留地引入了一份宗教文本，触动了社区成员内心最敏感的心弦，即社区在三周内失去了11个年轻生命。歌曲的效果十分强烈。人们开始哭泣。这首曲子从这个基布兹传到另一个，然后传到以色列各地的犹太教堂。现在对于这份标志着赎罪日礼拜高潮的祈祷词来说，它可能是最受欢迎的旋律。这首曲子的部分力量在于它将以色列赎罪日的两个部分结合在一起——犹太传统和1973年的战争。

然而，越来越多的人听到不同的旋律吟唱着同样的祷词，听到人们使用科恩为《焚身以火》写的旋律。几个月前，这种情况发生在我所在的那个犹太教堂，而且没人觉得奇怪。祷词从中世纪欧洲暴力世界的某个犹太教堂来到蒙特利尔平静的天堂之门，在那里被一个40年代的孩子听到，他将祷词和60年代美国文化大潮的经历、以色列的一场灾难混合在一起。然后祷词又兜兜转转回到了犹太教堂。

战后这首祷词的两个化身，即科恩的歌曲和来自贝特哈希塔基布兹的旋律合二为一了。在我写这本书的时候，以色列歌手阿亚·科雷姆（Aya Korem）发布了一个新版本。她的歌曲将传统的希伯来语祷词与翻译成希伯来语的《焚身以火》歌词结合起来，用在基布兹创作的旋律进行演唱。这首歌将中世纪关于生与死的祈祷词、悲痛欲绝的基布兹旋律以及莱昂纳德·科恩的歌曲编织在一起。这些内容构成了当下人们体验赎罪日的方式。但在科雷姆的歌里，这些内容并不清晰。听众是否能够欣赏歌词和旋律中的内容，取决于听众对1973年10月科恩在西奈的那段可怕时光有多少了解。

第二十六章　一句祝福

激发《焚身以火》的创作灵感的祈祷，是赎罪日礼拜中与这个故事有关的三个时刻之一，至少在我自己的脑海中是这样。

另一个时刻发生在下午，在阅读《约拿书》，阅读这位不听话的先知的旅途故事时。这旅程不仅仅是他的肉身从以色列土地到荒凉的尼尼微的航行，也是他从相信可以逃避上帝和命运，到知道自己无从逃避的内心轨迹的历程。《约拿书》从约拿逃到地中海开始，到他在沙漠中一动不动结束。他被迫违背自己的意愿，站到《圣经》中其他先知的立场上，这些先知对神的召唤只说了一句"我在这里"——hineini。这个希伯来语单词在《圣经》中第一次出现在以撒的故事里，是亚伯拉罕听到上帝的声音时说的。亚伯拉罕被神告知，要做出他所能想象的最可怕之事。说"hineini"与逃跑是相反的。

在他生命的最后阶段，科恩发布了一首名为《你要它更黑暗》（*You Want It Darker*）的歌。这首歌是写给上帝的，主题是：对从未由我们自己书写的剧本来说，排练是徒劳的。

如果你是庄家，我已出局。

如果你是医者，我是残废。

如果你的是荣耀，我的必是耻辱。

你要它更黑暗，

我们就扑灭火焰。

这首歌是由科恩的儿子亚当制作的，他父亲离开伊兹拉岛去西奈的时候他才一岁。歌词都是英文的，只有一句不同：hineini。如果你听这首曲子，你会发现这句歌词是由别人唱的，科恩的歌曲中罕见地出现了不属于他的男声。当科恩在生命的最后时刻回忆往昔，他没有回顾佛教寺院，没有回顾印度、伊兹拉岛、加拿大法语区和村子。他回到了童年的犹太教堂，那座由科恩夫妇在韦斯特蒙建造的教堂。响起的音乐来自吉德翁·泽勒米尔（Gideon Zelermyer），他是天堂之门的唱诗班成员。

这首歌包括了犹太教哀悼者的祷词《卡迪什》（Kaddish）中的一个片段——"愿主之伟名高大神圣"。一些听众知道这首歌在2016年发行后几个月发生的事情，认为科恩是在为自己念《卡迪什》——他知道自己已经时日无多了。科恩的朋友和最后一位经纪人罗伯特·科里（Robert Kory）还记得科恩在2015年夏天打电话给他，想让他听听这首歌的第一段。[1]科里立马来了个短途旅行，从他位于贝弗利山庄（Beverly Hills）的办公室赶到诗人位于汉考克公园（Hancock Park）的家中。科里说，科恩当时正病着，但预计未来能康复。科恩甚至还在谈论新的巡演。他在客厅里为科里演唱了《你要它更黑暗》。这首歌不仅向科恩，更向所有人预示了一个阴郁的未来。美国正走向黑暗，但在2015年的夏天，并没有多少人能感受到这一点。科里记得那种深入骨子里的寒意，并问科恩能否为了他们的儿孙们构想一个更光明的愿景。"我不写那种歌。"科恩说。

他再未能上路，在这首歌发行后不久就去世了。他被埋葬在天堂之门的墓地，在他父母身边。天堂之门唱诗班的人念了祷词。很久以前，在《爱人爱人爱人》中，他曾要求父亲给自己改名，但墓碑上仍是他父亲给他的名字。英文是莱昂纳德（Leonard），希伯来文是以利以谢（Eliezer）。他从未改过名字。

引发本书故事的赎罪日礼拜的第三个时刻发生在中午，这也是最后一个时刻，就在1973年10月6日警报响起前一会儿。祭司阶层的后裔，拥有"科恩"称号的人（他们有时就叫科恩这个名字）起身为会众祝福。他们像圣殿中的祭司那样脱掉鞋子，披上祈祷披肩，手指从中央分开做出一个神秘手势，然后说："愿上帝保佑你，守护你。愿上帝照耀你，对你有恩。愿上帝抬头看你，赐你平安。"在希伯来语中，整段祷词只有15个词。

科恩在以色列的时候，被一些东西吸引回去，吸引他的不仅仅是犹太教堂或部落，还有他在部落中的特殊位置。这就是改信犹太教的阿舍对科恩说的"选择做一个淫棍还是一个祭司"这段三段式独白中的意思,也是他在给诗人的信中写的意思。"我们相信,若你愿意接受先知以利亚的披风,上帝的灵会降临在你身上,使你成为真正的科恩。"这也是科恩自己的意思。在科恩未出版的手稿中,他在某处提到了"破损的科恩式祝福"。这个问题一直在他心中。孩提时代他曾说:"当他们告诉我,我是一名科恩时,我相信了。我不觉得这只是一个说法而已。"[2]科恩长大后逐渐开始觉得祭司的工作不过是死记硬背,象征着死亡仪式已经取代了创造性的火焰。人们不需要真的了解什么就能背下来这15个词。一个普通人,杂货店老板或牙医,一个没有道德伪装的人,可以在一瞬间转变为装载神圣祝福的破损容器——这实际上是一个美丽的想法。这是一个莱昂纳德·科恩会有的想法。

科恩最后一次与以色列重逢是在2009年。那时他远离人群,隐居在鲍尔迪山上的修道院。在发现自己的经纪人卷走他的积蓄后,科恩15年来第一次出来巡演。这时,他发现自己已经上升到了名望和敬意的顶峰,他的演出可以让世界各地的体育馆座无虚席。他的抑郁症已经减轻了。年纪大了,他的冲动也就减弱了。他似乎很高兴。这就是我们现在记忆中的科恩——一个戴着毛呢礼帽的狡猾情人,一个来自更崇高时代的亲切使者。

就像1972年的巡演,这次巡演同样结束于以色列。特拉维夫的演出场馆离咖啡馆只有几英里远,36年前,乐手们曾在那里接他去西奈。咖啡馆已经消失了，连同旧日的波希米亚人一起；今天，这里有一家普通的咖啡专营店，你可以看到文着身的年轻人骑着电动滑板车一闪而过。这些年里，以色列放弃了基布兹和集体主义理想，转向科恩，转向个人。但同时，在科恩成名的这个世界，那个曾经接纳过像鲍勃·迪伦和保罗·西蒙这样的人的世界，犹太孩子们为了寻找不问出身的文化、逃离父母而来的美国世界，终究还是出现了裂痕，情况看起来波谲云诡。各个社会群体正在重新确立自己的地位，扩展自己的领地，努力苟延残喘。所以当科恩回来之时，以色列更像科恩，而世界更像以色列。

特拉维夫不再是纽约或巴黎的穷亲戚。在某种程度上，它已经找到了自己的地中海式复杂性，不再需要外国名人来证明自己的独特性。但这里的人仍然为能再次见到莱昂纳德·科恩而感到兴奋。

以色列人一直认为，在某种程度上科恩是以色列人，这不仅仅是因为他是犹太人。犹太艺术家有很多，但基本上没有一个拥有如此地位。至少有部分原因是，在这个国家最黑暗的某个时刻，他来了。他没有必要这样做，也少有人这样做。这里的人都知道科恩在西奈的故事，即使人们从未搞清楚故事的细节。他演唱会的门票在特拉维夫开售时，电话线只要几分钟就崩溃了。

正如很久以前在耶路撒冷的舞台上发生的那样——他在类似被家人评头论足的某种感觉中手足无措，科恩还是不能把这里只当作一个可以演出的国家。起初，他认为情况实在是太复杂了，他也许应该完全跳过以色列这个国家。以色列年轻人的请求信塞满了他经纪人的收件箱，工作人员再也无法对此视而不见，此时科恩才改变了主意。他的想法是举办一场慈善演唱会，收益将全数捐给因暴力而失去孩子的以色列和巴勒斯坦父母，为和平而努力。为了进一步平息当地野蛮的政治局势，他还宣布在巴勒斯坦城市拉姆安拉（Ramallah）举行第二场演出。这种意图与推动1973年战争的那种情绪相抵触。在阿拉伯国家，有人呼吁抵制他的演出：人们似乎发现了他想要保持公正，想要让自己有说服力，就像他多年前声称他为双方的士兵写了《爱人爱人爱人》那样。他没有在拉姆安拉开演唱会，和平也没有出现。但在特拉维夫，有5万人来看演唱会。

观众里有许多本书中的人物。来自被摧毁的雷达站的奥利也在那里，她在19岁时就把自己的床让给了科恩。她的朋友普尼娜也在那里，就是那个在山上发生可怕的错误行动后，听到坦克指挥官说希伯来语的人。她们现在各自有了孩子，孩子们与他们自己第一次遇到科恩时年纪相仿。他们和其他人一起，挥舞着绿色的荧光棒。

罗尼，那个在拔示巴号上与科恩合影的海军中尉，也和女儿一起去了演唱会。帕齐那支沙漠军团的什洛米也买了票，但后来没有去。科恩曾在运河远处的黑暗中坐在他旁边的一个头盔上，曾经离他很近，甚至触手可及，在体育场听科恩的声音反而感觉不大对。翻译《苏珊》并在野战医院看到科恩的年轻医生吉迪住在加拿大，他去看了在汉密尔顿举行的演出，几乎全程都在哭。

"超神秘"战斗机飞行员肖西，曾穿着肮脏的连体衣看了西奈半岛的第一场演唱会，他也在那里。歌手奥什克，如今已经是以色列音乐界的一名老将了。他一度想和科恩见面，并通过发送网络消息让科恩想起他们"在西奈半岛的地面上睡在一起"。但是科恩已经75岁了，需要把所有的精力放在舞台上。即使是以色列总统也没法跟他会面。

无论科恩是否真正属于这个观众群体，归属的程度是否比纳什维尔或巴塞罗那的观众更高，以色列观众都会觉得他属于自己。这场演唱会被誉为这里有史以来最好的演唱会之一，人们用近乎宗教化的词语来谈论它，尤其是演唱会最后那段。

返场曲唱完之后，已经接近午夜时分了，这次演唱会与巡演中其他演唱会的流程有所不同。前海军中尉罗尼回忆说，体育场"颤抖了"。在这样一个时刻——以色列的孩子们在西奈集合，事情即将发生，就在此地。尽管只有当你了解战争，也了解科恩对自己在战争中的位置的思考方式时，才会清楚他在做什么，但感觉就是如此，事情即将发生。

体育场里很安静。科恩举起他的手，从中间分开他的手指。他从英语切换到希伯来语——不是特拉维夫街头的新希伯来语，而是犹太教堂和犹太人散居地的古老语言，天堂之门的老人的语言，祭司的语言，那15个词。他祝福了人们，然后离开了舞台。

注　释

前　言

1　对科恩为西奈半岛士兵举办的演唱会的描述出自以色列音乐期刊 *Lahiton*（已停刊），于1973年11月2日刊登（希伯来文）。该文没有给出演唱会具体日期，但不具名的记者写道，演唱在战斗的第14天举行，也就是10月19日。

2　1973年2月24日，莱昂纳德·科恩对《旋律制造者》的罗伊·霍林斯沃思这样说。见 *Leonard Cohen on Leonard Cohen: Interviews and Encounters*, edited by Jeff Burger (2014)。

3　科恩说的这句话在2017年的蒙特利尔纪念音乐会上出现：www.youtube.com/watch?v=yMxWjSpuefo。

第一章

1　鲁蒂的回忆来自2019年11月21日在Ramat Hasharon的采访，以及鲁蒂的日记条目、明信片和照片。她在战争中写的一些东西首先发表于《新消息报》，见 "Things are good here. I miss the ones who were killed," by Eti Abramov, September 11, 2013 (Hebrew)。

2 1973年10月6日，Doron Lieberman在528号雷达站的袭击中丧生，其详细履历来自战后其家人出版的纪念册（希伯来文）。其他细节来自我对鲁蒂、普尼娜和奥利的采访。

3 我于2020年1月9日在赫兹利亚采访了普尼娜和奥利。

4 From the Hebrew poem "Shai" (Gift), by Rachel Bluwstein, published 1930.

5 From *For Heaven's Sake: Squadron 201 in the Yom Kippur War*, by Aviram Barkai, Kinneret Zmora-Bitan Dvir, 2013, p. 153.

6 From *For Heaven's Sake*, p. 99.

7 有关528号雷达站袭击的其他细节来自2010年第一频道的纪念战争37年的节目（希伯来语），由Yariv Mozer报道：https://www.youtube.com/watch?v=GKzgA0s-M0I。

第二章

1 From the documentary *Marianne & Leonard: Words of Love*, directed by Nick Broomfield, 2019.

2 1975年3月，科恩对*Crawdaddy!*的记者Paul Williams这样说。见*Leonard Cohen on Leonard Cohen*。

3 1964年，科恩在蒙特利尔犹太社区的一个研讨会上发言：https://www.youtube.com/watch?v=cFMm_x1qlPY。

4　From Cohen's song "There Is a War", 1974.

5　1973年3月10日，科恩对*New Musical Express*的Alastair Pirrie这样说。见*Leonard Cohen on Leonard Cohen*, p. 42。

6　《旋律制造者》的罗伊·霍林斯沃思对莱昂纳德·科恩的采访。见*Leonard Cohen on Leonard Cohen*。

第三章

1　这是科恩返回伊兹拉岛后不久敲下的原稿，此为首次发表。文稿过长，无法全文刊载，而且部分内容与本书无关，因此，我非常惶恐、冒昧地对文本进行了删节，以提炼出他对西奈之旅的叙述。我纠正了一些语法上的错误，并改变了一些间距使文稿更清晰。科恩的手稿保存在安大略省汉密尔顿的麦克马斯特大学的麦可兰德&斯图尔特档案馆。我很感谢图书管理员Chris Long协助我找到了这份文件，它的名字是"Unidentified-possibly early draft of My Life in Art"。我从Ira Nadel在1996年出版的传记*Various Positions: A Life of Leonard Cohen*的脚注中得知这份手稿的存在。2019年，我曾经与Ira通信，感谢他的帮助。

2　安东尼这个角色明显具有文学目的：他是普世主义的代言人，是"世界之心"的信徒，与科恩的"犹太之心"相反，且对诗人想去以色列国持怀疑态度。但安东尼也应指一个真实的人，即安东尼·金斯米尔（Anthony Kingsmill, 1926—1993），一个英国画家，科恩在伊兹拉岛时与他关系密切。尽管安东尼表示他也想同去以色列，也许是想画什么"风景"，但他最后没有去。

3 也许是指Michel Polnareff发表于1969年的名曲*Tous Les Bateaux, Tous Les Oiseaux*。

4 在华盛顿特区，水门事件的丑闻正处于高潮。

第四章

1 From *October Earthquake: Yom Kippur 1973*, by Zeev Schiff, translated from the Hebrew by Louis Williams, 1974.

2 来自2020年3月18日我对阿维娃·莱顿的电话采访，她当时在洛杉矶。

3 From Cohen's poem "Lines from My Grandfather's Journal," in The Spice-Box of Earth, 1961.

4 1973年3月10日，科恩对*New Musical Express*的Alastair Pirrie这样说。见*Leonard Cohen on Leonard Cohen*, p. 43。

5 科恩对瑞典国家电视台的Stina Lundberg Dabrowski这样说。见*Leonard Cohen on Leonard Cohen*, p. 414。

6 Quoted in *A Broken Hallelujah*, Liel Leibovitz, 2014, p. 77.

7 1975年3月，科恩对*Crawdaddy!*的记者Paul Williams这样说。见*Leonard Cohen on Leonard Cohen*, p.85。

第五章

1 目前还不完全清楚科恩偶尔出现的第二人称是谁，不过最有可能是苏珊。

2 就像上一章中科恩在船上遇到的希腊地主一样，阿利斯是《情圣之死》的读者所熟悉的人物，这段情节的另一个版本出现在那本书里。仿佛手稿中看起来最肮脏的部分，以及反映了他最差一面的部分，才是科恩真正想要出版的。

第六章

1　1972年以色列音乐会上的细节来自纪录片 *Bird on a Wire*，由Tony Palmer执导，曾在1974年短暂发行，后被搁置、遗忘，2010年重新发行。

2　From "Leonard Cohen Makes It Darker," by David Remnick, the *New Yorker*, October 10, 2016.

3　科恩的古希伯来语发音是欧洲犹太人在犹太教堂使用的那种，元音是"o"，而现代希伯来语是"a"，因此是科恩称皮纳提（Pinati）为皮诺蒂（Pinoti），称拉谢尔（Rachel）为罗谢尔（Rochel）。

第七章

1　拉谢尔·泰里的轶事和引文来自"Like a Birdon a Wire," by Rona Kuperboim of Yediot Ahronot (Hebrew, May 28, 2009)。现在住在洛杉矶的拉谢尔并未回应我。

2　2020年9月2日通过电话联系伊拉娜·罗维纳时，她已经86岁，身体不好，不记得赎罪日战争之旅的任何细节。一个月后，她死于新冠肺炎疫情。这里的回忆来自马蒂·卡斯皮的主页，其中有关于战争之旅的信息。

3　奥什克·列维的回忆来自2018年6月6日我在特拉维夫对他的采访。

4　同上。

5　莫迪凯（普皮克）·阿尔农的回忆来自2018年7月6日在耶路撒冷的家中接受的采访，以及随后的几次电话交谈。他于2020年1月3日去世。

6　关于《最后的战斗》这首歌的轶事来自以色列音乐专家奥弗·加维什，基于音乐学家Nahumi Har-Zion的研究。

第八章

1　奥弗·加维什，现在是一名音乐历史学家和导游，曾是拉马特戴维第69中队的一名"鬼怪"战斗机领航员。他来自Yiftach基布兹，于2019年12月16日和2020年1月2日在特拉维夫接受采访。

2　From "The Truest Sport: Jousting with Sam and Charlie," by Tom Wolfe，描述1967年底越南上空的战争（*Esquire*，1975年10月1日）。

3　戴着犹太圆帽的领航员是Zeev Yogev Finger上尉。死于1973年10月9日，时年25岁。

4　飞行员亨金中校，全名Ehud Henkin，死于1973年10月7日，时年31岁。他的领航员是列维上尉，全名Shaul Levi，时年25岁。

5　Giora Romm少将（已退役）在以色列公共电视台的讲话（希伯来语）：https:// www.youtube.com/watch?v=1rnGpDotABo。

6　飞行员佐里克，全名Arlozor Lev，死于1973年10月9日，时年20岁。

7　莫莫，Shlomo Liran，原名Shlomo Zaltzman，当时担任110中队的"天鹰"飞行员，后来是以色列著名的CEO。

8　主飞行员维兰，全名Avraham Vilan，当时是拉马特戴维110中队的副指挥官。

第九章

1　肖西，全名Moshe "Shoshi" Rothschild，哈佐尔105中队的"超神秘"战斗机飞行员。他来自Gvar'am基布兹，于2020年1月8日接受采访。

2　这段描写收录在普皮克2004年重新发行的专辑 *Kol Echad* 中。

3　奥什克和马蒂·卡斯皮都记得科恩在哈佐尔空军基地的两场演唱会间隙写下了《爱人爱人爱人》。这个版本是在战争期间发表的，增加了可信度，见《新消息报》的文章 "Macias hurried from the Lod airport to Tel Hashomer," by Emanuel Bar-Kedma, october 22, 1973 (Hebrew)。"在他于空军基地举行的第一场音乐会上，这位歌手被强烈的情感打动，因他所看到和听到的一切。在两场音乐会之间的休息时间，午夜时分，他将他的感情倾注在一首新的歌曲中。他写了这首歌，给它配了曲，并当场演唱。"这首歌就是《爱人爱人爱人》。这篇文章还收入了已缺失的希伯来语诗句，就是第十章中出现在"空军基地"标题下的那一节。从文章中可以看出，科恩将这一节作为歌曲的一部分来演唱。哈佐尔演唱会的确切日期尚不清楚，但似乎是在战争第一周结束或第二周开始的时候。

4　科恩在战争期间带着的笔记本（目录号3716）由他在洛杉矶的遗产管理方保存。

5　"召唤盾牌就是科恩的工作。"对于这一见解，我很感谢我的朋友和早期读者，科恩的忠实粉丝 Jonah Mandel。

6　From *We Gotta Get Out of This Place: The Soundtrack of the Vietnam War*, Craig Hansen Werner and Doug Bradley, 2015.

7　根据110中队编撰的非正式版《中队手册》（勇敢的奥弗·加维什帮我找到了它），拉马特戴维的音乐会在10月26日晚上举行。该中队在当天下午2点执行了战争中的最后一次任务。

8　阿莫斯，全名Amos Bar-Ilan，拉马特戴维110中队的一名"天鹰"飞行员。他最初来自Ginosar基布兹，于2020年1月8日接受采访。

第十章

1　Bar-Kedma in *Yediot Ahronot*, october 22, 1973.

2　1975年3月，科恩对*Crawdaddy!* 的Paul Williams这样说。见 *Leonard Cohen on Leonard Cohen*, p. 81。

3　两个名叫以利以谢·科恩的陆军士兵的传记资料来自以色列国防部的纪念网站，www.izkor.gov.il（希伯来文）。

4　From *Cash: The Autobiography*, by Johnny Cash with Patrick Carr, 1997.

5 詹姆斯·布朗的第一句话（"蜥蜴都扛枪"）出自"James Brown, the Sultan of Sweat and Soul," by Will Haygood, Washington Post, December 7, 2003。他的第二句话（"心意相通的兄弟"）出自*Jet*, June 6, 1968。这两句话以及布朗越南之行的其他细节，都出现在*The One: The Life and Music of James Brown*, by RJ Smith, 2012。

第十一章

1 这是后来成为知名记者的Uri Dromi在2020年1月1日接受采访时说的。

第十二章

1 科恩的这句话出现在Ira Nadel的*Various Positions: A Life of Leonard Cohen*中。它没有出现在我找到的科恩手稿中，这表明Nadel使用了不同的版本。

2 吉迪·科伦的回忆来自2020年1月26日在特拉维夫的一次采访。

第十三章

1 普皮克的回忆来自本书作者在2019年对他的采访。

2 科恩在1974年10月对霍尔迪·塞拉·依·法布拉这样说。这段采访出现在1978年的一本名为《莱昂纳德·科恩》的西班牙语著作中。见*Leonard Cohen on Leonard Cohen*, p. 79。

第十四章

1　歌手阿夫纳·加达西和雅丹娜·阿拉齐的轶事出自"40 years after Yom Kippur, artists return to the shows at the front," by Nadav Menuhin, Walla, September 13, 2013 (Hebrew)。

2　这里说的是Nahal Brigade Entertainment Troupe的Amotz Brontman。

3　From "Leonard Cohen Makes It Darker," David Remnick, the *New Yorker*, October 10, 2016.

4　1992年12月，科恩对法国电视二台的Michel Field这样说。见 *Leonard Cohen on Leonard Cohen*, p. 313。

5　Leonard Cohen quoted in Melody Maker, June 29, 1974. From *The Ultimate Music Guide: Leonard Cohen*, published by Time, Inc. (UK), 2016.

6　From the documentary film *Leonard Cohen: Live at the Isle of Wight 1970*, directed by Murray Lerner, 2009.

7　From *I'm Your Man: The Life of Leonard Cohen*, by Sylvie Simmons, 2012.

8　1974年6月29日，科恩对*New Musical Express*的Steve Turner这样说。见*Leonard Cohen on Leonard Cohen*, p. 55。

9　From Bar-Kedma's article in *Yediot Ahronot*, october 22, 1973.

10　摘自战争期间以色列之声电台的报道，由国家档案馆保存并上传到YouTube：https://www.youtube.com/watch?v=QxAvJg6mQng。记者是Yossi Soker。科恩的这段话从"我当然有印象"开始，到"收集素材"结束，出现在希伯来语的画外音中。本书作者将其译回英语。

第十五章

1　摘自2019年11月3日在内坦亚对心理学家Joel Livne的采访。

第十六章

1　From Cohen's manuscript in the McClelland & Stewart archive.

第十七章

1　以撒是摄影师Isaac Shokal，2020年2月21日在埃夫龙基布兹接受采访。在经以撒许可下本书采用了他的照片。

2　"杏仁侦察队"是本文对Sayeret Shaked的翻译，这是一支隶属于南方司令部的侦察兵部队。在该部队的希伯来语名称中，shaked（杏仁）一词是shomrei kav darom（南方边境守卫）的缩写。

第十八章

1　什洛米，全名Shlomi Gruner，2020年2月11日在特拉维夫接受采访。

2　帕齐，全名Amatzia Chen，2020年2月20日在Moshav Karmei Yosef接受采访。

3　从本·古里安大学赶赴战场的军官埃坦中尉，全名Eitan Nir，死于1973年10月14日，时年23岁。

4　受伤的军官卡茨，全名Yaakov Katz，人称Ketzeleh，后来是定居者运动的领导人和以色列议会议员。

5　索尔中尉，全名Saul Afrik，帕齐部队的士兵遇到他并与他一起走。他于1973年10月14日死亡。时年20岁。

6　第600旅的史料见 *The Hours, A War Journal: The 600th Brigade During the Yom Kippur War*, by Menachem Ben Shalom (Hebrew, 2019)。本·沙洛姆是该旅的侦查官。我很感谢他的协助。

7　这位坦克乘员是Nissim Shalom，引自 *The Hours*。

8　安德烈全名Andrei Friedman，引自 *The Hours*。

9　看到拿着火箭筒的埃及人是坦克驾驶员Ofer Idan，引自 *The Hours*。

第十九章

1　在穿越过程中死亡的军官乔舒亚上尉，全名Yishayahu-Yehuda Katz，死于1973年10月15日，时年24岁。

2　From *The Yom Kippur War: The Epic Encounter That Transformed the Middle East*, Abraham Rabinovich, 2004, p. 364.

3　From *Warrior: An Autobiography*, Ariel Sharon with David Chanoff, 1989.

4　雅法·雅克尼在运河另一边的音乐会的确切日期并不清楚。但帕齐似乎对日期和地点有很强的记忆力，认为是在10月18日或19日。

5　照片中的埃及苏霍伊飞行员有一个令人感到困惑的细节，那就是他没有穿飞行服。据以撒说，多年来都有人提出，该囚犯实际上是一名埃及炮兵或空军观测员，他在同一时间被俘。但以撒和什洛米·格鲁纳认为这就是飞行员。他出现在以撒拍摄的一系列照片中，从亚科尼唱歌开始到飞机被摧毁。

第二十章

1　1985年3月2日，科恩对 *New Musical Express* 的Biba Kopf说。见 *The Ultimate Music Guide: Leonard Cohen*。

2　科恩声称他是为"埃及人和以色列人"写的《爱人爱人爱人》，参见1976年在法国演出时的录像：https:// www.youtube.com/watch?v=A0k5vpsWb4g。

3　亚科维·多伦的著名照片在得到了他的许可后在此引用。我于2020年2月20日在Yifat基布兹采访了他。

4　伊莱·克劳斯对这一场景的记忆来自2021年1月3日对他的采访。他住在Sa'ad基布兹。我很感谢Shaul Ginsberg，克劳斯的朋友，也是我妻子的叔叔，他在照片中认出了克劳斯。他提到的墓地在Be'eri基布兹附近。

5　这句话没有出现在我手上的科恩手稿中，而是在Ira Nadel的 *Various Positions: A Life of Leonard Cohen* 里。

第二十一章

1　来自我对鲁蒂、普尼娜和奥利的采访，以及鲁蒂的明信片和日记。

第二十二章

1　海军军官莫蒂,全名Motti Kaganovich,来自Afikim基布兹,2020年2月14日接受采访。

2　海军船员二等兵赫兹尔,全名Herzl Elmalem,死于1973年10月7日,时年18岁。

3　海军军官罗尼,全名Roni Mor,来自Nahariya,2019年12月15日接受采访。我很感谢Chuck Feingold给我发来莫尔与科恩在拔示巴号上的照片,这让我能够了解在沙姆沙伊赫的海军人员的故事。

4　海军军官约拉姆,全名Yoram Dvir。他的未婚妻(现在的妻子)是Yoki Dvir。我在2020年3月19日一起采访了他们。经他们同意,本书采用了他们婚礼的照片。

第二十三章

1　这首被大众称为《寄内衣内裤》的歌曲,正式名称是"You Have No Reason to Worry",Thelma Eligon-Rose作词,Kobi Oshrat作曲,录制于1974年。

2　对于这一见解,我很感谢记者和学者Yossi Klein Halevi。

3　内奥米·谢默引述丈夫 Mordechai Horowitz的话,见"The story behind 'Lu Yehi,'" Ynet, June 26, 2004 (Hebrew)。

4　历史学家Motti Zeira在其2017年希伯来语的谢默传记*The Honey and the Sting*中描述了在哈伊姆山基布兹发生的事件。谢默的儿子Ariel Horowitz的一句话("这首歌给了人们哭泣的机会……"),见"The song that became a prayer," by Nadav Shragai, Israel Hayom, September 28, 2017 (Hebrew)。

5　From Dado's biographer, Hanoch Bartov, cited in Rabinovich, *The Yom Kippur War*.

6　In the archive of the Leonard Cohen estate, Los Angeles.

7　出自梅厄·阿里埃勒在1979年Smadar Shir的采访，引自*A Biography of Meir Ariel*, Nissim Calderon with oded Zehavi, 2016 (Hebrew)。我很感谢尼西姆在2020年8月的电子邮件通信和谈话中提供的帮助。

8　摘自梅厄·阿里埃勒在"our Forces in Sinai Had a Quiet Night"（Hebrew, 1996）演出前的独白：https://www.youtube.com/watch?v=Zx_TsjQG3Fk。

9　From *A Biography of Meir Arie*.

10　雅各布·埃尔·哈纳尼的回忆来自2019年11月12日他在纽约工作室的采访。

11　二等兵耶胡达，全名Yehuda Komemi。死于1973年12月12日，时年18岁。

12　From Rona Kuperboim's 2009 article in *Yediot Ahronot*.

13　From Matti Caspi's official website (Hebrew).

第二十四章

1　梅厄·米哈是耶路撒冷传奇的鹰嘴豆泥店"皮纳提"的老板。我在2019年11月27日采访了他。我很感谢蒙特利尔天堂之门犹太教堂唱诗班的吉德翁·泽勒米尔，他提供了梅厄在1973年看到科恩的线索。

2　我在2020年3月19日和22日采访了Leon Wieseltier。

3　科恩接受英国音乐杂志《锯齿形》的罗宾·派克的采访，发表于1974年9月15日。引自《莱昂纳德·科恩谈自己》，第62页。

4　科恩在1974年10月接受霍尔迪·塞拉·依·法布拉的采访。见 *Leonard Cohen on Leonard Cohen*, p. 79。

5　我很感谢莱昂纳德·科恩的传记作者西尔维·西蒙斯将他们之间的交流记录发给我，并允许我发表。

第二十五章

1　《焚身以火》文本的笔记本保存在洛杉矶莱昂纳德·科恩遗产的档案中（目录号7-45）。

2　关于《让我们述说力量》是如何在贝特哈希塔基布兹写成的，参见我在2012年9月25日为《以色列时报》写的一篇文章"*A Yom Kippur melody spun from grief, atonement, and memory*"。

3　摘自我2012年对首次演唱这首歌的基布兹成员Hanoch Albalack的采访。阿尔巴拉克于2019年7月去世。

4　阿米查·亚奇在战争结束后不久在《让我们述说力量》中的讲话，这是1991年第一频道关于贝特哈希塔基布兹赎罪日的纪录片（希伯来文）。

5　基布兹成员米哈尔·沙莱夫在亚伊尔去世两年后的1998年由基布兹出版的小册子中写道（希伯来文）。

第二十六章

1　罗伯特·科里在位于汉考克公园的诗人家中与科恩会面的细节,以及最后一场特拉维夫演唱会的幕后故事,都来自与科恩的朋友、经理和他的遗产执行人罗伯特的谈话。我很感谢罗伯特,他花了很多时间来帮助我写好这个故事。

2　莱昂纳德·科恩1994年对 *Jewish Review of Books* 的Arthur Kurzweil这样说,引自《我是你的男人》。